CURRY

20歲小狼

父子世代的 Men's Talk

50歲大獅

大獅

謝文憲

小狼

謝易霖

著

〈專文推薦〉

超過想像、跨越世代的收穫

王永福

曾經身為大專盃籃球校隊，雖然如今我已經從「校隊」變成「笑隊」，但對籃球的愛好從未稍減，還是會注意NBA的動態。記得有天我看到一篇文章〈三大原因，你應該欣賞的球爸——LaVar Ball〉，談的是二〇一七年NBA選秀榜眼Lonzo Ball與他極高調的老爸。那篇文章的作者小狼在內文中，交互地用自己的觀點，以及兒子Lonzo給爸爸的信，寫出一篇觀察深入，很有溫度的運動文章。因為談的是父子之情，我看完之後順手轉給憲哥，沒想到憲哥告訴我：「這是我兒子寫的！」

「真的假的！」這太令人驚訝了！因為小狼對NBA球星的歷史以及來龍去脈，摸得一清二楚！一系列的NBA文章，也寫得非常精彩，甚至精彩到被盜文網站所轉載！再重看那篇文章，我才知道作者隱喻的「我也有這麼一個老爸」指的原來就是憲哥啊！連標題也變得熟悉了起來。

有一個厲害的老爸當然是一種幸福！但老爸再厲害，兒子也得靠著自己的能力，才有辦法走出一條自己的路。憲哥很低調，沒有跟任何人提到小狼五十幾篇的NBA

文章，最後我意外地轉傳給他，我相信他的心裡一定很開心啊！至少小狼靠著自己的能力，讓喜歡籃球的讀者大眾認識他。

人生中有什麼機會，可以透過文字，讓父子之間相互交流，提出心中說不出來的期待，甚至吐露曾經隱藏在內心的抱怨呢？兩個世代，三十年的差距，透過文字的呈現，完全可以看到什麼叫「不一樣，卻很一致」的筆觸！特別精彩的是憲哥在文章中補充的觀點，一種深到「你心裡想的」跟「我想說的」，交互之間的碰撞，非常地引人入勝！

父子合寫一本書，真是絕妙好事！你看好「大獅」？還是更期待「小狼」？不管是支持哪一邊，都請好好閱讀這本書，也許從中會得到許多超過您的想像、跨越世代的收穫！

（本文作者為知名企業簡報教練）

〈專文推薦〉

既然說不出口，那就用寫的吧！

何飛鵬

親子關係，一直是許多家庭的大課題。相較於過去以二十年為一個世代（generation）的「古老」年代，如今社會變動之快速，幾乎每五年即形成一個新世代。這裡所謂的新世代，指的並不是生理周期，而是心理周期，因此，一個二十三歲的青年搞不懂十八歲少年在想什麼，似乎是司空見慣的事。如果年輕人之間是如此，那麼親子之間又如何？

以一個三十歲生下第一個小孩的男性為例，他和孩子之間那三十年的差距，很可能就是六個世代的心理差距，這何止是代溝？根本是巨大的鴻溝！

文憲和小狼之間正好差距三十歲。和大多數台灣家庭中的父親相同，文憲是一個認真在外打拚事業，將教養孩子的責任較大部分交付給妻子與岳母的男人。從這本書的內容看來，在小狼成長為二十歲的青年之前，他們父子之間的互動表面上看起來似乎並不多，但從字裡行間可以清楚感受到他們彼此的深刻牽繫，這也是許多父子之間共同的現象，並非文憲家所獨有。

父子之間的「相對默默兩無言」，除了導因於男性腦部胼胝體及語言中樞，比起女性較不發達，不擅長以語言來表達自己的情緒和感受之外，也來自於傳統文化的熏陶。因此，父子之間的缺乏溝通，在某種程度上來說，似乎是非戰之罪。

既然說不出口，那就用寫的吧！身為一位出版事業經營者，我非常樂見文憲和小狼以文字代替言語，共同寫出父子之間那些說不出口的話，以及他們的生命故事。我相信，透過這本父子合著的書籍，不僅能促進他們父子之間的溝通與了解，更能成為無數父母子女學習的模範，促進更多親子之間的溝通與了解。

（本文作者為城邦媒體集團首席執行長）

〈專文推薦〉

親子相處的「質」與「量」

周碩倫

跨世代的溝通向來不是容易的事！上一個世代的老經驗，對於下一個世代不一定適用；下一個世代需要的新能力，上一個世代的父母未必熟悉。跨世代的相處，究竟是相處時間的「量」重要？還是相處時間的「質」重要？是很多跨世代父母的困擾。

套句憲哥自己的話：「人生沒有平衡，只有取捨」。憲哥究竟是如何在親子相處時間的「量」和「質」之間做出取捨？親子相處時又要談些什麼？做些什麼？怎麼談？怎麼做？相信憲哥的經驗和智慧，可以帶給同為跨世代父母的我們很多靈感和啟發！

（本文作者為企業創新教練）

〈專文推薦〉

夢寐以求的父子關係

林明樟

親情是需要一輩子用心經營的功課，尤其是華人世界中若即若離的父子關係。因為這個體悟，我刻意在兒子小時候，一路帶著他體驗近五十次的露營、溯溪、看棒球、高空彈跳、攀岩、獨木舟、腳踏車環島、潛水與鐵人三項……，透過各式各樣的活動與兒子建立兩人共同的生命回憶。

約莫一年前，聽到酷愛棒球與籃球的憲哥父子檔到美國一起觀賞MLB與NBA，憲哥特別用從運動中體會出的人生哲學，以流暢的文筆與自己的兒子對話，亦師亦友不落痕跡地引導兒子思考自己的人生方向。

前陣子看到兩岸網路瘋傳的NBA運動文章，文筆流暢視角犀利，沒想到文章的作者正是憲哥正在讀大學的兒子：易霖。

看來，這二十多年憲哥父子間的對談，已有明顯成效，憲哥教育出一位敢嘗試、不怕風險、願意全力以赴、持續精進，並有良好生活態度的年輕人。這實在是所有父親夢寐以求的父子關係。

誼。

閱讀本書，希望您也與我一樣：收穫滿滿，一起經營一段屬於您的父與子特殊情

（本文作者為兩岸超級數字力學院創辦人）

〈專文推薦〉

留住親子心靈之間的祕密通道

林靜如

不知道該不該羨慕，憲哥的孩子長大了，我自己的孩子一個九歲，一個還在襁褓之中。

有時候看著孩子的睡臉，覺得很幸福；有時候，卻又覺得對未來很茫然，不知道孩子會長成什麼樣子，跟我會是什麼樣的關係。

工作跟家庭之間，常常很難取捨，你有時候覺得自己這麼努力、這麼辛苦，就是為了給家人更好生活。但時間就是這麼多，多給了事業，難免就會少給了家人陪伴，但憲哥，始終沒忘記人生中的取捨與平衡，看到他這麼忙碌，卻堅持要擠出時間給孩子、陪家人，心裡真的很為他的家人慶幸與祝福。

憲哥說，他對孩子的期許就是身體健康，然後挑戰自己的極限與視野，簡單就說盡了我想對自己孩子講的話，其實我們做父母的，叨叨念念，想講的不就是這兩句話嗎？

我很期待自己的孩子十八歲，卻又捨不得自己的孩子十八歲。我知道，到了這一天，他要自己展翅高飛，我不應該，也沒有能力保護他了。這世界這麼遼闊，等著他去探索，我除了當他的後盾與心靈的避風港，多做的，不見得是愛他，還可能是害他，我得收起現在照顧他的手來，改成翻翻一整櫃的相簿，回憶陪他長大的美好。

但如果可以，希望我可以找到和孩子之間親密的連結，就像憲哥跟孩子一起熱愛運動，留住一條線，作為我和他的心靈之間獨有的祕密通道。

（本文作者為知名作家律師娘）

〈專文推薦〉

為自己書寫，一段跨越三十年的父子反思與告白

許景泰

想像一下，一對父子，彼此寫下過往深刻的回憶，用書寫找到共通的交集，也找到屬於父子之間的理性和感性的對話。

如果你閱讀了這本書，書中每一段故事，每一篇告白日記，雖不是你的生命故事，卻會不經意地帶你也走一回人生過往回憶。如我，從書裡勾引出，我已走過近四十年，人生上半場的點點滴滴。特別的是，本書開啟了我對滿五歲的兒子，父子之間的對話與想像。同時間，也憶起我對七十三歲的父親，父子之間過往點點滴滴回憶。

再仔細想一下，如果要你想寫一封信給三十五歲的自己，你會說什麼呢？這本書，為父的憲哥今年五十歲，早已走過青春歲月；為子的小狼今年二十歲，正朝此追夢奔去，對未來充滿盼望與憧憬。兩種情懷，一前一後，就像搭乘電影《回到未來》的時光車一樣，總有對三十五歲的自己想告誡、鼓勵、輕輕放下的人與事。

整本書，不僅是我的良師益友、創業夥伴謝文憲（憲哥）以身為父親的身分，重新對過去再次梳理、深刻反思，也同時是給優秀大兒子一種勉勵、提點、對話的家信。父子所處的時空、環境、條件雖已大不同，卻也道出了相似共通點，就是對運動的熱衷、夢想的追求、堅持所喜所愛、幫助他人的情懷，都在每個章節一一開展、娓娓道來。在父子各自的時空下，彼此在情感、機遇、抉擇，凸顯出跨世代、父子難得的坦誠相見。讀者在咀嚼本書的字裡行間，肯定能深受啟發。

（本文作者為SmartM世紀智庫創辦人）

〈專文推薦〉

跨越世代的勇氣

許皓宜

父子關係，一向是我認為親密關係中最難解的議題。佛洛伊德曾用「伊底帕斯情結」來形容這種天生緊密、卻又注定彼此競爭的關係。在華人文化中，多少兒子終生所盼的，是父親一句「我以你為榮」？而又有多少母親，卡在僵持不下的丈夫與兒子之間，不得動彈？愛與恨的掙扎，矛盾又充滿攻擊的慾望，讓大男人與小男人之間，形成一堵無法跨越的高牆——他們無法輕易翻牆而過，內在卻不乏靠近彼此的渴望。這自古以來的難題，何解？

憲哥的行動力不用我贅述，大家有目共睹，他的創造力在社會的許多角落留下足跡。幾次活動中，有幸遇到憲哥的大公子謝易霖，並看過謝易霖筆下的文字，心裡不禁感嘆，憲哥畢竟已是年近中年的大獅，後頭有充滿野性的小狼追趕在後，想必是後繼有人，堪得一句「以你為榮」了。然而，這句「我以你為榮」卻不是單向的，在他們的新書中，這句「以你為榮」是父與子之間的相互肯定，更是真誠的自我揭露，和友善的彼此了解。

「爸，如果我們沒有一起寫書，會不會陌生如舊？」易霖說。

跨越兩代的鴻溝，若沒有多一點勇氣，我們便總是以為此生只能「陌生如舊」，殊不知在對方心裡，或許也有一顆渴望、卻害怕受傷的心。謝謝大獅與小狼，相信你們的作品，將帶給我們跨越世代的勇氣。

（本文作者為知名諮商心理師）

〈專文推薦〉

父子的正向人生

陳鳳馨

各種親情關係中，父子親情可能是最難溝通的一類。

父親總是在外奔波打拚，威嚴的多，情感交流的少，兒子自小被教育要強悍，男兒有淚不輕彈，情緒不輕易表露。於是，我們最常看到的父子關係，就算相互關心，卻總帶著難以跨越的距離。

憲哥與小狼應該是典型的這類父子，深愛對方，卻不知如何透過交心跨越那世代的差距，能藉由文字來對話交流，應該讓天下許多父子都欣羨不已。

這對父子有許多相似之處，兩人都喜歡運動；他們都充滿自信，有時自信過了頭，外人看來就是驕傲，可是他們都在因驕傲而受到挫折後，不怨天尤人，而回頭自省調整再重新出發。

更多時候，我們所看到的是父親身教對兒子產生的強大影響。憲哥掛在嘴裡常說的「人生沒有平衡，只有取捨」，這句話讓憲哥一旦做出選擇，就全力往前衝，沒有瞻前顧後，不必為可能失去的機會或代價而懊悔停滯。從小狼的文章中可以隨時看到，這樣的人生態度，幾乎完全複製在小狼的生命中。

小狼自小就聰明，「數學天才」、「天才兒童」的稱號都放在小狼身上，憲哥也確實以此為傲，原本這種「天才」的稱號過早加諸於一個孩子身上，有時適足以害之，可是憲哥高度積極、認真的生活態度，讓小狼耳濡目染間不以聰明為恃，還能認真追求目標、夢想，應該是小狼不斷逐夢踏實主要的原因。

小狼高中時曾受傷，這件事讓我們看到這對父子處理挫折的態度。小狼是參與糾察隊操練時受傷，手骨折，傷得實在很重，看在父母心裡，心疼、憤怒交織，學校當然可能操練過度，但憲哥清楚知道小狼非常在乎糾察隊的責任與榮譽，而且很希望能擔任糾察隊長，就是為了這個夢想，小狼才如此拚命，所以，憲哥壓抑了心中的憤怒情緒，不怪怨學校，只為成全小狼的目標。做為母親，我能理解，這個時候的父母，不怨怪他人而日日陪著孩子面對傷痛的磨折，其實比發洩情緒更難，但這也是更深的愛，因為孩子展翅飛翔才有更長久的笑容。

小時候看父母與子女親情相關的小說、文章，我很容易站在子女的角度；這一回我更能理解憲哥的千般難。我們是同一世代的，孩子出生時，還在為生活溫飽打拚，一心一意要為子女創造一個衣食無虞的環境，好不容易真的改善了家中經濟環境，孩子已和我們一般高，才了解原來錯過這麼多陪伴孩子成長的時光，雖說人生只有取捨，但這時積極正向如憲哥也不免感嘆，沒有做一個好爸爸，這句話背後就是很深的愛。

父子書寫對話，情感常在文字之間，希望讀者細細體會，更有助我們跨世代的理解與體諒，當然，父子二人展現的正向積極人生態度，如能習得一二，職場上應該幫助也是很大的。

（本文作者為News98「財經起床號」節目主持人）

〈專文推薦〉

家，是一輩子最超值的投資

楊月娥

望子成龍望女成鳳，是許多父母共同的期待，我也不例外。但自從女兒罹癌之後，我的很多標準都降低了，只求孩子健康活著就好。

易霖和小蓁相差兩歲，是在父母呵護疼愛中成長的世代。有熱情、有想法、勇於表現，是有家教的孩子。易霖文筆好寫專欄，小蓁活力好帶社團，他們知道自己想要什麼，會動腦思考，這是用錢買不到的特質。

我們這一輩學校畢業後，大部分的人就想找一份穩當的工作養家餬口，做不動了就靠退休金和兒女來養老，這一生心滿意足。但新世代可不能這樣想，市場變化太大，只有一項專長不夠使一輩子，需要學習多種能力，因應市場變化靈活應變，甚至能同時在各種角色間快速轉換，多角化經營，最好工作不只是賺錢生活，還能與興趣結合，成為終其一生而不間斷的志業。

五十歲的憲哥是暢銷作家／超級講師／廣播主持人，多重身分忙碌的他，從沒錯過孩子每個重要時刻，透過父子共同寫書，寫進兒子二十歲的世界裡；似乎是遺傳基因強大，易霖是大學生／專欄作者／Face Book網紅版主，有著和父親一樣的斜槓人生，用共同熱愛的運動和寫作，培養出兩代男人的革命情感。初生之犢要和暢銷作家一起出書，壓力超乎想像，但易霖的勇氣和心理素質超強，寫出自己不一樣的人生劇本。

我樂觀正向的遺傳基因也很強大，鮮少生病的小蓁，在剛升上高三時卻罹患血癌，打亂了心中的目標願景，必須放下一切先救命，但小蓁卻說：「癌症怕開心，我們要先快樂起來。」前後八個月母女進出醫院大飯店緊密生活，即使在治療的痛苦中，仍然把歡樂帶給其他病房的病童，人生態度更因目睹癌友病逝而轉變，走過死亡幽谷，體會活著沒有理所當然，用堅強的意志力，一步步找回健康。

他們父子共同寫書，我們母女一起抗癌，要一起完成一件事，絕非想像中簡單，過程中的衝突與妥協，都是彼此成長的軌跡。這本書裡面溫暖的父子對話，都是值得大家學習的好材料。我覺得一輩子最超值的投資就是家，輸了家庭就算贏了世界又如何？讓我們一起當「贏家」，贏得健康、贏得親情、贏得幸福！

（本文作者為資深媒體人）

〈專文推薦〉

影響力的傳承

楊東遠

在職業運動場上，能有父子同台較勁甚至是同隊出賽的佳話真的是可遇不可求，這本書不禁讓我想起了一九九〇年美國職棒的西雅圖水手隊裡，那對傳奇父子小葛瑞菲與老葛瑞菲的故事。很榮幸能搶先拜讀這本書，並且受邀為這本書寫推薦，光看到書名我就已迫不及待想繼續看下去了。

認識憲哥八年，看過他出的每一本書、許多場的演講，與FB上的無數貼文，在此書中憲哥仍分享了許多不為人知的親子故事與人生智慧，更難能可貴的是這次還與他的「小狼」一同擔綱主角，來個父子連線的back-to-back全壘打秀。

相信只要是憲哥演講的聽眾、文章的讀者，一定都對那段「我家老大游泳比賽」的故事印象深刻，但我當初對這位「小狼」的瞭解也就僅止於此，一直到一年多前他來我們「運動視界」網站註冊帳號並發表第一篇NBA文章，我才有機會進入他的真實世界與對他有更多的接觸。

在「小狼」尚未被審核成為本站正式專欄作者之前，憲哥在他FB上分享了那篇

NBA文章同時也tag了身為站長的我，希望我能多給這位年輕人提點與鼓勵。「虎父無犬子」應該是我當下看完文章後的第一個感受，敏銳的觀察力加上一定水準的文筆，只要能再多一點寫作切點的磨練與個人觀點的勇敢表達，以及對廣大讀者各種評比意見的抗壓測試，我相信這匹極具潛力的「小狼」將來一定會是個寫作有溫度、擅長說故事的好作者。

雖然「小狼」曾經在寫作過程中受到其他人批評而短暫迷惘過，記得當時我跟他說：「寫文章不用試著去討好所有人，不要因為怕被批評而改變寫法或想法，清楚知道自己想要什麼就好。因為你永遠不知道這世界上哪一個人、在哪一個時間、哪一個地點、哪一種心境下，看到了某篇文章的故事分享，進而對他人生有所改變或影響，因此試著讓自己的文章去發揮影響力感染與改變更多人吧！」沒想到當初跟他的這段深刻對話後還不到一年，他就真的做到了，「五十歲大獅」倡導多年「行動的力量」，真的潛移默化影響了「二十歲小狼」，很棒的傳承，不是嗎？

老實說看到憲哥與小狼父子倆能有這段一起寫書、一起出國看球旅遊的寶貴人生經歷，真是令人好生羨慕。在如此富有理性與感性的親子溝通對談裡，有一段內容讓我情緒波動不已，憲哥談到關於親情這件事，他心裡有著遺憾與虧欠，讓我也不禁想起了自己與已逝父親的關係，在他最後幾年生命的相處過程中，我究竟誤解與錯過了多少屬於我們自己的Men's Talk？謝謝憲哥與小狼的大作，讓我知道，我過去已錯過的與當下更應加倍珍惜的是什麼，相信這會是我看完這本書的最大收穫，也推薦給每一個擁有「老爸」與「兒子」身分的您。

（本文作者為「運動視界」站長）

〈專文推薦〉

世代對談

葉丙成

寫書，不稀奇。父子能一起寫書，少見。父子能一起寫書且各有獨特觀點見解，這就真的難得一見了。憲哥跟小狼這本書，就是這樣的書。原本聽聞兩位合作寫書，我第一個反應是，憲哥人生歷練如此豐富，生命當中經歷許多大風大浪；而小狼這麼年輕。一起寫書，會不會讓這本書變得失衡？

等到我看到了書的原稿，我發現我過慮了。這本書中，父與子的觀點都有非常清楚而深刻地呈現。針對許多不同的人生議題，小狼寫小狼的觀點，憲哥寫憲哥的觀點。小狼不愧是筆耕許久的年輕人，他的觀點與書寫，與憲哥的豐富比起來，毫不遜色！

看完全書，我個人認為這本書最重要的價值，在於透過這本書讓讀者可以清楚看到對人生各種議題，身處不同世代的父與子有什麼不同的看法。這點非常重要。目前職場上許多當主管的五六年級生，對於現在的年輕世代感到很陌生。反映在職場上，便是當今許多企業主管對於如何管理年輕世代，感到高度的焦慮。

而這本書透過不同世代對於同一件事的觀點對照，可以讓五六年級的前輩們了解現在年輕人的想法，也讓年輕人了解五六年級前輩的思維。這種世代之間的相互了解，是很難得的。如果不是因為父與子有共同的人生體驗才能有觀點的比較、如果不是雙方文字功力都了得所以才能一起寫書，不然我們是很難看到這種對比呈現兩個世代思維的書的。這也是為什麼這本書的問世，是如此難能可貴。

父子世代的Men's Talk，這是一本有助了解不同世代之間思維差異的好書！

（本文作者為台大電機系教授）

〈專文推薦〉

兩個世代同框，兩種視角的新父子關係

劉宥彤

憲哥太會說故事了，聽他講兒子，活靈活現就像把兒子擺在你面前，連孩子小時候的事都會讓你天真地把他兒子當個娃，以為昨天剛發生，直到看到這本書——原來娃都這麼大了。要論這個年紀的「大人」，能和父母多見面，多一起吃幾次飯都難得，父子關係好到要出書，該說是羨慕還是嫉妒呢？更重要的是父子二人還都能寫，都能說，人比人氣死人，我只想問：「憲哥啊，你是想逼死多少父親和兒子們！」

不管心中羨慕還是嫉妒，這本書特別一定要大推，不信大家去Google一下，描述父子倆關係的文章，多半場景都是作家朱自清文章的「殘影」，最多的就是「兒子視角」裡老態龍鍾的父親，白了的髮，駝了的背，步伐蹣跚，人生似乎總要等到這種時刻，父子才有那心靈相通的一瞬間，熱淚盈眶，至此，一切盡在不言中，但又何苦呢？父子能早點說說心裡話，人生也就不糾結了，所以這本書是徹底改變「不老不理」概念的新父子關係。

五十歲人生看盡千帆，二十歲人生懵懂輕狂，兩個世代，兩種視角。「父親視角」裡的兒子不管什麼樣，是擔心或驕傲，只能放手，還在掙扎的爸爸們或許來和憲哥學一學；而「兒子視角」的父親則是從兒童時崇拜的英雄，到年長時驚覺父親的脆弱，又是否嘗試加個時空，在各自青壯時體會一下亦父亦友的關係。若要為這本書做個註腳，我想它的特色就是平易近人，不管是做父母的，做子女的都會為之動容，相信也有助於重新審視自己如何經營親情。

（本文作者為永齡教育慈善基金會執行長、台灣新創競技場創辦人）

〈專文推薦〉

在球賽中流動的父子情

謝長亨

文憲和易霖父子是運動賽事的狂熱愛好者，也是文筆出眾的作家。運動和寫作成為他們父子共同的語言。透過父子間的書信、日記中的獨白、生活體驗及在棒球與籃球比賽中得到的啟發，我們可以感受到父子間情感的流動是這麼溫暖與緊密。以這本父子合著的書來勉勵今年二十歲成年的兒子，更顯得格外有意義！

特別喜歡五十歲大獅的這句話：「投手善於三振打者，從來不僅僅是球速快這麼簡單，而是觀察出打著揮棒的節奏與規律。」也很喜歡二十歲小狼的這幾句話：「每一天，都好像一場球賽一樣：『結果』會過去，『過程』會留存。」「用球星成長的故事激勵自己，不斷進步。」

父子在運動賽事中的敏銳觀察與體悟，讓身為職業運動員及教練的我感到佩服！非常喜歡文憲、易霖父子合著的這本書！

（本文作者為前中華成棒隊總教練）

目次

Chapter 2 世代愛的理解、連結與共鳴

Chapter 3 兩個世代一起狂熱

Chapter 4 新世代三分線跳投

〈序文〉

生命中兩世的魔羯情人

大獅的老婆、小狼的媽咪　廖慧珍

兩世的魔羯情人竟然要合出一本親子書了！

對於一直以來扮演著彼此傳聲筒的我來說，與其說是驚訝，不如說有更多滿滿的溫暖和感動。

這二十年來，由於老公全心全意衝刺事業，與兒子們相處溝通交流的機會極少，這次因為各自對棒球籃球的愛好，而意外搭起一座重新認識彼此的橋樑。兩人開始展開朋友般的Men's Talk，還一起完成了一趟運動之旅。

印象裡忙碌的老公，總是很不專心地聽我叨叨唸唸兒子的近況。

「他最近玩線上遊戲很晚睡，你幫忙跟他溝通一下。」「下個星期六是兒子學校的班親會，你有空嗎？」

通常都是隔了十秒鐘，他才會回答我，再給我五分鐘，然後問：「妳剛才說什麼？」

看著他疲憊的倦容，一邊敲著鍵盤還要試圖關心他兒子，心裡多的是不捨。但通常老公蜘蛛網般的行事曆，若沒有提早半年預約，根本是多說無益，即使約了也可能因為臨時重要的行程而被取代。

這樣的日子真的是直到最近宣布退休才稍稍有了點改變。當然，老公還是很忙碌，因為熱情、積極、有行動力的他，仍用心參與著他認為國家社會賦予他的使命。

至於我那個貼心乖巧、異於常人的兒子，小時候就有很多令人嘖嘖稱奇的事蹟，以及師長親友諸多的讚譽。

對於我來說，他是他爸派來保護我的天使。

懷孕期間，因為老公工作調動的關係，只有我們母子兩人租屋在永和四樓沒電梯的公寓。白天我要挺著肚子擠公車，再搭捷運上班，晚上還要擔心當時轟動全台的綁架案嫌犯，於一九九七年整個下半年，在台北縣市到處侵入民宅殺人強姦。

當時我肚子裡的兒子給我莫大的力量支撐。

直到一九九八年一月他出生後，我們夫妻倆因為工作的關係，只能把他往外婆家送，直到兒子念小學，我們一家人才排除萬難聚在一起住。

從小個性就非常執著專注的他，因為有念書的天分，所以我很少見他讀書，大部分在家的時間幾乎都是黏著電動跟電腦、小遊戲跟線上遊戲。

這也是我們最常爭執的地方，而且他總屢勸不聽。

過度執著是他的優點也是缺點，我相信這給他帶來很多正向與反向的結果。不過一切都需要靠他自己去摸索，只有自己親身去體驗、做了才知道適時的調整與改變。

直到他高中交了女朋友、加入了糾察隊、愛上了NBA、上了大學，生活才慢慢地改變、慢慢地成長。他的心思縝密，是個慢熱卻很熱心的暖男。不愛搶鋒頭，領導能力卻超強。

這次他的文筆會被發現，我一點也不意外。我意外的是，發現他充滿感恩的心，以及對未來充滿著熱情的信心。

一個熱情外放的大獅老公，加上一個體貼內斂的小狼兒子，在我生命中兩世的魔羯情人，感動你們的合作、期待你們的互動，讓這段差距三十年的鴻溝變成橋樑。

這代表著親情的互動、世代的傳承。

永遠愛你們的　老婆、媽咪。

〈序文〉

「我以你們為榮！」

小狼他弟、大獅的小兒子　謝易軒

那一年，你二十，我十八，兩年的差距你我卻緊繫著。

我即將邁入我人生中最煎熬的一段歲月，那段充滿考試和埋入書堆的備戰時刻。

但不會忘的，是我高中這兩年來，你在我背後所默默給予的支持。

我，一直走在你走過的路上堅持著。

不管是課業也好、學校的公勤也好，常有人問：「你哥考的這麼好，你會有壓力嗎？」「你選擇當公勤幹部，是因為你哥哥嗎？」

「當然不是。」

而我不以為意。但並不是指不把你看在眼裡之類自信的意思。

你的風光的確讓那些都認識你我的長輩老師讚嘆不已，當然，我自己心裡有數。

但我踏上與你相同的路，我想創造的是一個屬於我專有的個人特色，如果我的高中生活活在你的風光底下，那我想我這三年可能就如此了，我想我的這些想法，你應該也很清楚明瞭。

也因此你始終會回來看看我、關心我現在走到哪一段是你過去覺得特別難熬而想給我建議鼓勵的。

這兩年來，你始終如一。

我的確依循著你走過的路往前走，但我們用了截然不同的方式面對這段曲折蜿蜒的過程，慶幸的是，你我仍會看看彼此，而攜手成長。

我的夢你已經歷過，而你的夢我只能支持。

你一步一步地走，看到了夢想的一絲曙光，如今你的夢想即將成真了，身為弟弟的我，又怎能什麼都不做呢？

我想對你而言，寫作是一種力量，能透過文字傳遞情感，而這是你擅長的，也是我現在能為你而做的。

這一年我十八，你二十，繫緊你我的是我倆的文字。

爸爸，你五十了，而我即將邁入成年，不知道十八歲的我在你眼裡，算不算可以獨立自主的年紀，不行也罷，因為在我眼裡，有你與哥哥的存在，我總顯得幼稚了點。

其實，我與你的交集並不多吧，但你總是很以我為傲。

就以你曾拿來說嘴的那件事吧！

從小到大，我不喜歡菸的味道，而小學的時候把戒菸貼紙貼在你的電腦上，是真心希望你能把菸戒了。（看到這裡，相信是憲哥的粉絲都知道後來的結果了。）

對我來說，你是個很特殊的存在。

你身為講師，常將我們的故事分享給你的學員們，你身為爸爸，常幫我們創造故事。

從小到大，你就不會對我們的課業太過在意，只希望我們盡全力就好，不要太累。

而你在意那些做人的細節，比如：禮貌、堅持（行動的力量手環？）……但從你身上學到最多的應該是：「台灣不缺抱怨的人，只缺捲起袖子幹活的人。」

因此，在耳濡目染之下，也塑造了這樣個性的我，面對任何事情都盡自己全力做到最好，而你是我努力的目標。

每個人在長大的過程中，總會追尋著某些人的腳步前進，想成為那個值得自己效法的那個角色，我想這十八年來，我心裡的那個角色，始終是你吧。

身為家裡年紀最小的那個人，看著爸爸實現了能與哥哥一同創作的夢想；看著哥哥創作了他的第一本書，而我或許不能為這本書貢獻什麼，但我能做的就是用我的力量，在家中支持你們的每個夢想，讓你們能夠有力量去讓更多人知道何謂夢想。

你們的夢想已開花也結果，你們是我的驕傲、榜樣。

就以憲哥激勵人的最後一句做為結尾吧：「我以你們為榮。」

〈作者序〉

A Dream

二〇一七年底，晚秋初冬，某個週二下午，工管系必修，組織行為學，下課，我接到了一通電話。回教室後不發一語。

二〇一八年暑假，天氣炙熱難耐，幸好還有微風。愛上李榮浩幾首復古風的歌曲，又跟上年輕說唱的旋風。算是成為了，年少有為的兒子娃娃。

比起上個冬天，腦中多了十本書的影子，新的舊的，再添加幾百首歌，新的舊的。

這本書，也關乎新的舊的，三十年鴻溝。

加速的時代流裡，有的人喜新厭舊、有的人食古不化，好像都沒有對錯，只是在跑道上，有的人喜歡慢步調、有的人百米衝刺，互相追趕、觀察了幾個圈以後，鴻溝深了、溝通難了、爭執多了。

尤其是與自己血脈相連的人，我們都不願如此。

Have A Dream

創作屬於自己的作品，一直是兒時夢。書也好、歌也好、影音也好，都想創造自己的天地。但這一本作品對我而言，似乎比起「成就自我」更有另一層意義。

而我從這裡開始，踏上我的創作路。

我有一個夢
一個關於
理解自己的夢，
我滴血、等候。

「愛我，會痛嗎？」夢想說。
「會。」我回。
「這樣的愛，會被消磨嗎？」
「我不知道。我不懂愛。」

朋友說，最踏實的莫過於，看著我踏實。

衝著這句話，我便心甘情願，被夢腐蝕身體。站在地平線，向現實固執爭取。

在這等待的時間裡，踏平山河實踐，相信爬上峰頂，會有星星，一顆兩顆三顆連成線。

我這人很跳tone，序文也是亂來一通，卻是真實的我。傾心創作，幹話交流，是我。

這本書也一樣，沒有什麼大道理，只有真實。我在文字裡把自己狠狠撕碎，再拼湊，老爸也是。

這裡有一個五十分的兒子，和一個五十分的老爸。

或許有其中一個，能成為你的好朋友。

兩個的話，更好。

二〇一八年暑假，這本書出世，關於「我們」的創作。

回想起二〇一七年，接到的那一通電話。

「嘿，兒子！要不要一起寫書？」

「好。我幹。」

回教室後不發一語。

〈作者序〉

說不出口的愛

我是一個六十分的爸爸，加上四十趴就衝的行動力，很想創造百分之百的完美人生，我知道很難，但或許「不完美，才能創造真人生」吧！

這是我的第九本書了，寫過行動力、影響力、教導力、人生小事、職場小事、千萬講師、40%、平衡與取捨，但這本「小狼與大獅」對我的衝擊最大。

二〇一八年初，從剛滿二十歲成年小狼的第一封信，放在雲端跟我分享開始，我們啟動你一封我一封的來回書寫，我們不是熱戀中的情侶，而是看似熟悉卻又陌生的父子。

「父子關係」在我眼中，是父子、父女、母子、母女四類親子關係，最特別的一種，原因無它，正因它「說不出口」。

我們藉著三月底、四月初長達半個月的美國自助運動旅行為媒介，二十歲 vs. 五十歲為主體，父子關係為架構，籃球與棒球運動為元素，學生與人生當作運轉引擎，社團與職場當作論述平台，各自表述卻能合而為一。

男人的世界，怎麼那麼複雜？

書寫過程中，謝謝心思細膩、文筆過齡的小狼，當作我最有力的支持，「男人不喜歡別人超越他，唯獨自己的兒子」，文字能力上，他已跟我並駕齊驅了。

謝謝我的老婆慧珍，小兒子易軒，您們在書寫過程中的默默支持，最後還以行動出手相挺幾篇文章，動容感人指數破表，結論：「我們一家都能寫」。

謝謝林潔欣小姐創新的點子與獨特的觀察角度，促成「小狼與大獅」這個男子團體的形塑。謝謝趙良安小姐在我們美國旅行途中的各種生活協助，無論妳在哪裡，都會是我最好的朋友。

謝謝城邦第一事業群黃淑貞總經理的大力支持，總編輯程鳳儀的專業協助，行銷林秀津的行銷規劃，整個商周出版都是憲哥的好朋友。

謝謝我的貴人推薦人們，謝謝我的父母親，謝謝一路支持我的讀者、聽眾、學員、粉絲、朋友們，人生有幸在五十歲，跟長子合著一本書，人生了無遺憾。

這本書謹獻給身為爸爸的您們，身為兒子的我們，與身為媽媽、女兒的她們。

Chapter 1

世代親密的文字交流

運動，認識自我的路

每個人生在世，都不會停止認識自己。

透過喜歡的討厭的人事物、透過海洋花草棉被枕頭、透過音樂運動文學藝術、透過我們自認成功的失敗的經歷，如同鏡子反映面容和內心。

直到我們即使悲傷無數也能幸福滿溢。

然後了無遺憾地停止呼吸。

關於小狼

小狼，一個從運動開啟寫作之路的NBA專欄作者，是一個怎麼樣的人，又是怎麼一路走到這裡的呢？

你們可能會問，我有時也會想。

二十歲的平凡學子

我二十歲。

在你翻閱這本書之前，得先記住，我二十歲。

有兩種理解方式，一是「我已經二十歲了」，二是「我才二十歲」。

「我還年輕，我還年輕。」

和許多二十歲時的你一樣，我正身處在小孩與大人的轉角。這個轉角滿是霧，我們在這裡都找著花。

我們也都不斷地問著「自己是誰」這樣的問題。一邊回想流走的時光，一邊在茫茫人海中展望未來。

某種程度上我們一樣平凡。

一樣面對成長、一樣面對獨立、一樣面對著喜歡的人不喜歡你、一樣面對生活的難題、一樣面對微積分可能被當的危機。

如果你是憲哥的學生或讀者，而因此認識了小狼，那麼你應該聽過不少關於他的故事；如果你是第一次知道我和我老爸，那麼也可以。

我是謝易霖。

一個經常在憲哥的演講和書中，出現的神祕人物。名字經常被化作「我兒子」或「我家老大」。

彷彿天之驕子

他還是那一個，五歲時就能夠熟記日曆，熟記到能上電視節目表演，還被張小燕抱過的「天才兒童」嗎？★

他還是那一個，十歲時明明根本不會游泳，卻向班上自告奮勇，說要參加游泳比賽、游到快溺水還堅持爬完全程的固執小孩嗎？

他還是。關於天才和固執，他還是。我想每個人都有天才和固執的部分。

碰見過不少憲哥的朋友，都算是我的長輩。他們總說：「嘿！我聽過你游泳比賽的故事，我還知道你以前會算幾年幾月是星期幾！」

每次聽到總覺尷尬，因為現在故事遠不止這些了。那是我，也不是我。

讓我從憲哥所不知道的角度，介紹小狼背後的他吧。

爸爸的話

易霖小時候有一個特殊的嗜好，就是喜歡撕日曆。新年度開始才掛上新日曆，易霖就會一張一張地撕，沒多久就撕完整本。

那時易霖是由外婆帶，外婆罵了他幾句，再掛上一本新日曆，他又很快地撕完。我只好對岳母說：「不好意思，我再多給妳幾本日曆，就讓他當玩具繼續撕好了。」

後來我們搬家，有一天問他：「你記得我們什麼時候換房子的嗎？」

他說：「民國九十一年一月二十五號。」接下來又補上一句：「星期五。」

我大感意外，他怎麼知道那天是星期五？於是又問他三月八號、四月五號……是星期幾，他竟然全答對。那時他才念小班。

這不得了！我家出了個天才兒童，怎麼能浪費他的天賦呢？當下就報名了當時張小燕主持的綜藝節目《超級星期天》當中的「誰是大騙子」單元。在節目中，張小燕問了他很多關於日期的問題，他全部答對。

其實易霖從小展現的天賦，並不是我們刻意安排及訓練出來的。我認為，家長其實不必刻意為孩子設計走什麼路、安排學習什麼才藝，孩子們有自己的天賦，到了一定時間，它會自己打開。

父母所需要做的是，觀察，非常仔細地觀察。別去遏止他的喜好，盡量閉起嘴巴，別一直對著孩子下指令，要他做這個或不能做那個。

多聽、多觀察，從孩子的行為中找出一些蛛絲馬跡，說不定他的天賦就藏在其中。

天之驕子的輕狂、挫敗與希望

他還是那一個，因為十一歲時無心的一句話，而失去兩個重要朋友的，鋒芒畢露的輕狂少年嗎？

他還是那一個，因為高中參加了糾察隊，而開始對人生和夢想，充滿希望的青年嗎？

他還是那一個，因為一段走了三年半的青澀愛情，而深刻學會知足、學會愛與被愛的平凡男子嗎？

他還是。關於輕狂、夢想與希望，和一些平凡，他還是。

真正的我

十八歲以前的我，跟許多甫成年的你們一樣，還在摸索著自己的樣貌。明明對大部分的世界和現實一無所知，卻常志得意滿地以為，自己什麼都懂、什麼都會。如果你十八歲，看到我說這些一定嗤之以鼻。假如我乘著時光機回頭找兩年前的自己，對他從頭到腳分析，說他自以為是、說他高傲，他肯定會攆我走的。

年輕時，我們明明都偶爾堅定、時常迷惘，卻也曾經以為當下的自己就是最好的狀態，顯然，我們變好、變獨特的空間都還大得多。

當我意識到自己的獨特時，「小狼」已經下筆了。數十篇的NBA分析和故事體悟，才讓我逐漸看到自己更多的樣貌。這時的我，已經和身邊的人們變得有點、有點不一樣。

「小狼」是一個熱愛籃球七年的靈魂。籃球在牠的生命裡占據三分之一，不算多，但藉由牠的視野和筆觸，「謝易霖」才漸漸感覺到自己，正腳踏實地完成所謂的「夢想」。像是在一場又一場的暴風雪中，踏著成長的腳印踽踽獨行。走了一段路才發現，夢想，只是人們給嚮往的烏托邦取的美名，在搭建好這個世界之前，你不只要邊夢，還要邊想。

有句話說：「別老想著追逐夢想，你該要『成為』夢想。」

就像許許多多的NBA球星一樣，他們做著自己最愛的事，籃球。而欣賞的觀眾們，也逐漸將他們當成自己的夢想，想成為像他們一樣的人。

而我在寫作這條路上，想成為自己的，也成為別人的夢想。

我與老爸的橋樑，NBA的父子檔

五歲的Stephen Curry，就已經出現在NBA的板凳席上，還曾經在早期NBA的廣告裡出現，因為他有一個打NBA的老爸，Dell Curry。

Dell在二十年前，是夏洛特黃蜂隊的射手。在那個年代，三分球並不是NBA最普及的進攻手段，但因為Dell穩定的投射功夫，讓他在球隊也能占有一席之地。而在二十年後的今天，他的兒子Stephen在NBA大放異彩，在近五年成了聯盟的當紅炸子雞，因為他將老爸的武器三分球，變成一把劃破時代的利刃，也帶領金州勇士隊，在近四年內奪下三度NBA總冠軍。

Stephen Curry是我最崇敬的NBA球員。

我經常將現在的自己，比作二十歲時的他，而老爸就好比Dell Curry。運動是我們共通的語言，寫作也是。老爸為他自己，也為我，立下了堅若磐石的基礎，我的路才正要開始。

現在的我，二十歲，想要將這樣的共通語言，透過每一段我眼中的籃球故事和人生體悟，記錄在這一本書中，如Stephen用三分球一樣地開創新世代。

我也要告訴二十年來每一刻的自己，這些文字就是你成長的足跡。

從寫作療癒人生

關於憲哥

五十歲，小狼他爸，三十歲那年生下他，在他事業最谷底的時候生下他，在信義房屋服務的他，背負大量虧損，多少虧損？太多了，也記不得了，也不想去記，信義房屋周俊吉董事長，是他這輩子最想感謝的人之一，虧周先生的錢，不但沒找討債公司跟他討，還讓他離職，十九年後，憲哥真心希望能報恩就報恩。

這感覺就像職棒選手，一度沒球打，最後光耀門楣時，想對母球團報恩的感覺很像。

關於憲哥背後的「他」

小狼五歲就能背出四年之內幾年幾月幾號星期幾，那年除夕前，全家剛搬入新居，彷彿剛脫離虧損的命運，甫搬入新家，老天就賜與神童降臨般的奇蹟出現。

憲哥為了滿足自己的虛榮心，一心想要靠小狼的天賦安心過下半輩子，帶他走遍各大電視台，最後在小燕姐與哈林主持的《超級星期天》節目中，大放異彩。

憲哥雖然最後沒有變成星爸，但現在開始也不差。

憲哥出書一路順遂，其中一個很重要的原因是：他很會說故事。

父子檔的人生

故事中最為人所津津樂道的故事，應該就是謝易霖參加游泳比賽的故事，擄獲多少少男少女、婆婆媽媽、中年大叔的心。

於是課程、出版、演講，謝易霖都像背後靈般地緊緊跟著憲哥，小狼還沒出道，故事其實早已傳遍各大企業，憲哥甚至猜想：「小狼畢業後，是不是可以靠這故事，找到一份還不錯的工作？」

私心覺得真的有可能，大老闆們，考慮一下吧！

但憲哥覺得，這還不是小狼最厲害的，厲害的是他的文筆，以及文筆與籃球的結合，若能加上有點老又不會太老的憲哥加持，或許真的可以靠小狼來養憲哥的下半輩子。

不過，憲哥可能還是想太多了，靠別人，不如靠自己，於是他們決定：「攜手寫一本書」，一本屬於父子之間，結合籃球與棒球，融合學生與人生，一本橫跨三十年的父子對談。

就是您看到這一本，三分線跳投……，這一球打擊出去……很高很遠。

人生就像一場遊戲

暱稱是標籤
生命是籌碼
創作是任務
我們都成了玩家

從遊戲而起的籃球人生

國中時，我接觸了一款和NBA球隊經營相關的遊戲。

在遊戲裡，我是NBA的球隊經理，可以買賣、交易、培養球員。當然，也可以用這些球員來進行比賽。但是當時的我根本連NBA是什麼都不知道。看著一大堆比賽數據一頭霧水，也不知從何研究。

因為接觸這款遊戲，我開始嘗試成為一個真正的「NBA球迷」。開始看球賽、認識籃球規則，認識一個又一個的球員和教練、認識NBA三十個主場館，以及他們所在的城市。

一步一步，因為一場遊戲，小狼認識NBA的路走到了現在。

線上遊戲兒童

約莫七歲的時候，我就「誤入歧途」。

記憶有些模糊。有次爸媽帶著我和弟弟，到親戚家拜訪，大人們聊起大人的事，我們一群小孩，就在房間裡自顧自地玩。不是玩機器人、樂高之類的玩具，也不是拿玩偶起來扮家家酒，是玩線上遊戲。

那時大我三歲的表姊，帶我進入「楓之谷」的世界。她用一種高高在上的「前輩」口氣，教我遊戲的操作，告訴我必須先為自己取一個暱稱、選擇我想要的職業，才能接著展開我的冒險旅程。

當時選了什麼職業、取了什麼遊戲名稱，已經記不得了。就像我們都記不起小時候「我的志願」、「我的夢想」的內文一樣，或許連說過什麼「傷天害理」的話也忘了吧，因為那些都成為「童言無忌」、都成為成長的足跡。那些記不得的、「傷天害理」的，都因為在父母的保護傘下，我們安然度過。

當時的我就這樣展開了「楓之谷」的冒險，一玩就是十三個年頭。★

某些年歲裡，我真的是挺宅的。

遊戲，Game，比賽

在線上遊戲裡，我們需要「打怪練功」，經常一個人進入一張陌生的地圖，看著畫面中一群又一群的怪物，使用我們獲得的技能擊殺怪物、取得「經驗值」，再花費大量的時間，繼續升級。

偶爾，我們也會有和其他玩家合作解「組隊任務」的機會。成員少至兩三人，多至數十人。隊伍中，經常會有頗具經驗的指揮官，指引隊伍成員任務的方向；還有一些更具領導特質的，會善用激勵的言語，讓他的成員在遭遇瓶頸時，重新振奮精神。

小時候總在這樣的過程中，獲得很大的滿足感。關於努力升級、關於面對難題、關於領導。

遊戲是Game，和球賽一樣。玩家是Player，和運動員一樣。

Players為了精進能力、獲得一項技能，在短時間的比賽中，完整發揮自己的功夫，他們訓練的時間，肯定是這時間的數十倍，甚至百倍、千倍。若想要成為一位足以帶領隊友的Leader，天賜的領導特質並非必須，但他們肯定是身經百戰，能夠看見戰場上遭遇的瓶頸，以及團隊執行戰術時的種種盲點，傳達給剛入隊的新隊友。

直到我長大後才發現，自己在線上遊戲和球賽中展現的樣子，反映了我在現實生

我不喜歡小孩子打電動，因為以前對於打線上遊戲的孩子，普遍有不良印象；其次，打線上遊戲很傷眼，我是大近視，深知視力不佳的困擾。

我們家書房有一部電腦，易霖常像八百壯士死守四行倉庫一般，死守著書房與電腦，打死不退。

一天晚上約十一點，他還在打電動，我認為太晚了，在房外警告他，要他關機睡覺；不久後，發現他還在玩，我再次斥責；半小時過後，他仍沒關機，這次我忍無可忍對他大聲說：「你到底要怎樣？」「趕快把電腦關起來！」「明天還要不要上課？」他很不高興地離線、關掉電腦。後來我才知道，線上遊戲是他小學和同儕互動的重要社交工具，他和大家組隊玩。我當時沒有顧及這一點，要他立刻關機，必然影響了團隊的其他人。

對此我並不想道歉，但不表示我沒錯，除了斥責脅迫，一定還有更好的溝通方式。如果讓我重新再來一次，我一定會事先訂定合理的規則，並和孩子共同遵守。

活中所扮演的角色。

「天才若不努力，他將會被努力的人擊敗。」（Hard work beats talent when talent fails to work hard.）——凱文・杜蘭特（Kevin Durant）

人生就像一場球賽

從球賽而起的棒球人生

我的爺爺，過世三十年後，我對他的印象就只剩下國小期間，每年暑假一起熬夜爬起來聽台灣三級棒球，企圖翻轉國內低迷氣氛的最後一搏。

這一段歷史影響我很深，包含棒球與廣播，以及親子間共同回憶的塑造與凝聚。我完全忘記爺爺送給過我什麼禮物，帶我去過哪裡玩，但我絕對不會忘記他每次凌晨聽球，幫我準備的營養口糧——民國六十幾年，最好吃的凌晨陪伴。如今，只要吃到營養口糧，我就會想起爺爺。

直到我加入中華職棒統一獅啦啦隊，海外看球，捐助弱勢孩子打棒球，用棒球當作演講的素材，用棒球當作文章的例子，我要謝謝爺爺。

威廉波特、勞德岱堡、蓋瑞城，是台灣棒球的重要戰場，更是台灣人民找回自信心的重要戰場。

一步一步，憲哥的棒球人生，走到了今天。

擔任啦啦隊的大四學生

大四上，不考研究所、托福、預官，等當兵（當時還不知道我會免役）的學生，可以幹嘛？四年級所剩學分不多，剛剛卸任系學會會長，人生突然失去目標。

中華職棒元年、二年的球賽，剛好補足我人生的缺口。職棒二年，統一在台中招募啦啦隊，講好聽一點是徵募啦啦隊，講難聽一點就是看球不用錢，我去應徵。應徵可沒太多篩選，我說我是逢甲企管系學會會長，然後就錄取了。

大四下學期，我就開始一面念書（只剩兩科）、大部分時間拿來看球跟製作漢聲電台的校園節目，我的大四，很不同。

從三級棒球到中華職棒，棒球視野全開。

球賽，球員，職場

中職剛起步，球賽不多，球迷不少；票價不高，球場不好，場內沸騰，場外也掀起滔天巨浪。

中職是開啟台灣職業運動的先驅，同時也是一面振奮台灣人，一面擊垮球迷信心的始祖，好的、壞的都有，就像我常說的：「第一志願名校，也會有壞分子」。

跟一家公司一樣，跟國家一樣，有人、有利益在的地方，就會有壞分子，近三十年，看著中職的風雨和興衰，可以對比人生與職場，綽綽有餘。

統一獅隊的謝長亨，是我第一位接觸的球星，他像是人生的典範與導師般，影響著我看球的方向與目標，我很慶幸，他真的很棒！

職場如球場，生命像球季，同理可證。

擁抱批評，展現自我

光亮揚起塵土，黯淡看見星星。
見過生命種種繁華無常，最值得慶幸的就是，你還是你自己。

「愛現」的小時候

小時候的我，很驕傲很驕傲，是那種不常外顯的、打從心底的自負。其實某種程度上我也記不得了，我跟「他」根本不熟。

不確定是不是因為帶著天賦異稟的才能，才有那麼一段鋒芒畢露的時光：小學在學校、安親班的課業表現，我自己說第二，是沒人敢說第一的那種。

但其實也忘記，自己是不是真的很常炫耀「功課很好」這回事，你說那時什麼心態呢？早忘了、早忘了。早已經找不回、也描繪不出當時狂傲睥睨的自己了。

布滿稜角的石頭初入一片海岸，被大浪拍打，總會磨去一些稜角變得圓滑，就算有過狂傲也有過輕浮、也失去過重要朋友、鑄過大錯，正是那些磨去鋒芒的一切使我們成長。

我們都在屬於自己的海岸上，不斷不斷地打磨，而打磨總是痛的。只為了讓自己更能融入這個世界，想盡辦法和每一顆石頭別長得差太多，到後來甚至會不小心忘記自己最獨特、唯一的那一面。

到了二十歲的現在，心中依然有與世界格格不入的一角，就是那「愛現」的火苗，依然在環境裡適應、質問著。

何時該奮力燃燒，展現自我？何時該暫時熄滅，靜靜沉澱？

我依然在找尋。

星光大道的啟蒙

除了運動和寫作以外，我也愛唱歌。

十年前，年幼懵懂，只知道自己嚮往那種站在舞台上接受喝采的感覺，於是《超級星光大道》成了我夢想的啟蒙，而當時最喜歡的選手是林宥嘉。看著偶像如神一般地受眾人景仰著，當時的我也暗自告訴自己：「我未來也要當一個歌手，站在舞台上唱歌，接受那麼多人的掌聲！」

如今偶像變成熟了，我也到了當時宥嘉去參加星光大道的年紀，覺得不可思議。

小時候的夢想如此直白簡單。儘管沒有能力，也不知該付出什麼，卻一直嚷嚷著要成為誰。然而長大後才知道，夢想之路總布滿荊棘和陷阱，儘管我們崇拜那些偶像，但也有人詆毀他們。

當你將自己的生命故事，燒成一盤好菜，擺在檯面上供人品嚐，必然會有排山倒海的批評聲浪，而這「吞下異物」的過程，經常是痛不欲生的。

小時候不懂的，現在懂了，或許還沒全懂。

我知道，只要多走幾步路，不管前進或後退，總會多懂一些事情。

社群世代的美好

星光大道的十年後，世界變了。

舞台不再受限於攝影棚、比賽場地等等，只要願意讓自己的臉、聲音，或是各種才華，放在社群網路，或任何平台上供人欣賞，你就有屬於自己的舞台。這也是許多歌手漸漸由網路發跡的原因。當然前提是你必須有「從0到1」的勇氣，以及「從1到N」的堅韌毅力。

NBA的世界也是如此。

十年前還沒有如此便捷迅速的網路和社群媒體，然而現在推特、臉書、Instagram等等社群竄起，球星們必須開始學習接受來自這些平台上各式各樣的言論。有溫暖的訊息，當然也有銳利的批評。對這些球員而言，這是可怕的雙面刃，因為越閃亮的星星，就越多人指著它說話。

我們無法討好身旁的每個人，只求在自己的舞台上，靜靜地撰寫屬於自己的生命故事，寫著寫著若有些微光，自然就有人會跟上。

當你看盡了塵土與星星，還能保持你的真實，那便是自由了。

擁抱愛現，展現謙卑

「愛現」的小時候

國小當了六年班長，你沒聽錯，是的，六年。

那段好比老蔣時代，愛連任就連任的年代，我也不知道為什麼班長不需要改選，就算五年級換了班導師，是的，班長都不用改選。

上台講話都是我，模範生也是我，我爸不是家長會長，我卻當了六年的班長，世界是繞著我旋轉的。

國小畢業，第三名，市民代表主席獎，剛好挫挫我的銳氣，我覺得這個獎剛剛好，否則我會太自滿。

國中年代一樣很會念書，愛現的個性展露無遺，上課的時候老師說一句，我可以接下一句，以前搞不懂這有多令人厭惡，二〇〇六年轉任企業內訓講師之後，我才知道這特質有多令人討厭。

可是同學聽我講話都哈哈大笑耶，我卻發現老師好似不太喜歡我，但同學都愛死我，我卻學會「愛現的背後，必須有利他的因子作為支撐」，自己才不會成為箭靶，才能安全下莊，避免樹敵。

「復興山莊」迎新活動的啟蒙

大一升大二那一年，是我人生一個極重要的轉折點。

大一下，我被選為武陵高中逢甲校友會會長，並擔任全國迎新生活營的活動組長，其實我啥都不會，就只會吉他教唱。

而且就那幾首歌，但不知為何，我就是可以逗得大家哈哈大笑。

生活營結束，第三天不供午餐，遊覽車卻意外遲到，一百多人呆坐在大樹底下枯等。

當大家都覺得很無聊的時候，我正在收拾我們帶上山的擴音設備，這東西必須說明一下，它像是一個大箱子，有電源線，外加一支有線麥克風，左邊可以播放錄音帶歌曲，右邊可以錄音拷貝。

我一定要說清楚，怕我兒子不清楚。

這一年，一九八八年八月，張雨生正紅的時候，距離他的人生終點，只剩十年，但他的人生，璀璨到比一般人亮麗十倍，光彩奪目。

你就算跟他不熟，但一定聽過：我的未來不是夢。

是的，我在那空檔時間上去唱了這首歌，第一次公開場合唱這首歌，就一戰成名。活動結束後，學員在車上填的活動問卷與卡片，竟有八成的學弟妹寫了這一段，我紅了，也黑了。

紅了，沒有人不認識我了。

黑了，其他活動都顯得不起眼了。

我的學習與體會是：

1. 對的時間做對的事，而且要被看見。
2. 人紅了，不謙虛，會死人的。
3. 要紅要黑，只有老天知道，自己只能做好準備，等老天下指令。
4. 紅的背後，往往是從一個危機開始的。

人人都是自媒體的擁擠與獨特

張雨生在十年後的十一月走了，我再也沒有這麼紅過了。

舞台其實不受限地點，我每每回到復興山莊，都會回去看看那棵讓我紅透半邊天的大樹，是的，每個人一生都會紅過至少十五分鐘，但有了自媒體後，可能可以紅更久。

我的專欄、課程、書籍、影音，運氣都不錯，承蒙大家看得起，努力加上運氣，讓我一路走到今天，就說舞台不受地點限制吧，如今，誰能掌握網路，誰就能有機會擁有全世界。

我是不想擁有全世界啦，我只想擁有你的心。

政治人物、YouTuber、藝人、網紅、作家都需要舞台，職棒球員更是。職業球員不能只會打球，還要懂得在對的時間說對的話，而且要被看到，跟球技無關，跟長相也無關，職業球員就要懂得經營個人品牌，否則，輕則少球迷，重則少薪水。

但要謹記一點：擁抱愛現無罪，展現謙卑才對，越紅越要如此。

因為夢想，我失去的……

很久以後我才知道，為什麼街上的人大多面無表情。

什麼時候路人無預警地燦笑、傻笑，成為一種光怪陸離？

原來每個人都有故事，關於失與得。

刻骨銘心

「可以抱抱妳嗎？」記得最後一次和她擁抱的場景。

那是一個天氣炎熱的夏日午後，兩人的氣氛早已降至冰點，無法輕鬆地談話，更不用說攜手走每一條街。

大概只能仰賴這次擁抱，找回一些過往的溫存吧。

去年五月，我開始致力於NBA的專欄寫作。查資料、數據、看比賽影片。不只疏忽了大部分與她相處的時光，也因為急著邁開下一步、急於做出成績，與她聊天的話半句不離籃球，使她厭倦。

眼裡的自己太大，因為太執著於目的地。

因為我也還在摸索。

寫專欄而取得的微小成績讓我變得有些好高騖遠，讓我沒能意識到這段關係的質變，所以失去了她，只能在回顧歲月時低頭感慨，想起來覺得無奈又心痛。

也因為有這麼一段低谷，我讀了幾本新書，重新和朋友相處、聊天、學習，讓自己漸漸能敞開心胸接納新的事物、漸漸能傾聽，不再把自己封閉起來，也在每一個孤獨的夜裡不斷反思，漸漸把自己找回。

這大概就是人生裡的取捨吧。

我們都不該怪責命運、更不該怪責自己，這該是每一階段日子裡，自己的決定累積而成的結果。

想起了NBA球星「字母哥」在他社群上的那句話：「挫折中藏有美麗，成功裡藏有醜陋。」（It's beauty in the struggle, ugliness in the success.）

來日方長

與她攜手的故事很長，我將大部分的篇幅放在口袋、塞回心裡留給自己想念，讓它陪我度過漫漫餘生。雖然故事已經暫時畫下句點，也無法逆轉時光，但人生依然得過下去。

我告訴自己，總有一天，會和這個想念的人再見的。

平衡太難，取捨太痛

老爸已到了「五十知天命」的年紀，歲月與歷練刻畫在他幾條慢慢浮現的皺紋和幾撮灰白的頭髮上。

「人生沒有平衡，只有取捨」是他的體悟。我嘗試在自己的生活中，與這句話搭起橋樑，才慢慢找到了它的涵義。

但如果你們和我年齡相仿，在這個什麼都有、什麼都賣、什麼也不奇怪的世代裡，我們想嘗試、想接觸的事物太多了，還來不及意識到取捨的時機，就已經讓它發生，怎麼取捨得與失呢？

如當時即將失去戀情的我一樣，不知道，也意識不到。

年輕的靈魂裡總有股莫名的衝勁，機會一來就想把握，經常沒考慮太多後果，總是在事過境遷以後，在取捨之痛中學習，在自己的挫折中反思。即使偶爾遺憾、後悔，但我們都得往前。

這過程很難、很痛。經常使人食不下嚥、心不在焉，偶爾還像行屍走肉地活著。但年輕的靈魂也是我們的優勢啊。如同二十歲的NBA球員，總能飛天遁地，也必須學習在衝勁裡打得成熟，在華麗炫技中追求一點實際。

儘管我們都能做一些讓自己不平凡的事，但日常的取捨總能讓我們意識到，自己依然是平凡人。

緬懷過去只是為了更好的現在。更何況，我們也奈何不了過去那一個愚蠢的自己啊。

因為夢想，我們都會失去一些東西，也總會在失去裡獲得。

因為自我，我學會的……

時間是治癒人心的良藥，一點也沒錯，但良藥苦口，一點也不好喝下。

刻骨銘心的自我

以前哪會懂這道理，我好就好啊，別人不關我的事。

聚光燈總在我身上，領獎的是我、模範生也是我、代表班上比賽的也是我。長子、長孫這些華麗的標籤都貼在我身上，我就是世界的中心。

民國六十幾年的我，其實就是現在所說的小屁孩，我不得不承認，只是當時民風未開，世界緩慢轉動，這也是我認清自己之後，比較能接納新世代新鮮人的原因，因為哪個時代都一樣，特別是現在，會放大對年輕人的期許，或許僅是老一輩都一事無成，選擇拚命批評年輕人而轉移焦點的方式罷了吧？

上了武陵高中後，腦洞大開，比我會念書的，比我運動好的，比我會說話的，比比皆是，自己的想要，很難要得到，自己的舞台，越來越小。

世界是殘酷的，將我打回原點，還好不遲。

高二選拔踢正步代表，那個年代可以在國慶日，代表學校參加桃園縣軍訓閱兵比賽，是多大的榮譽！那個不可一世的我，以為一定會被選上的我，就是硬生生被刷掉。

我：「你不是說我是班上正步踢得最好的嗎？」

教官：「因為你戴眼鏡。」

「也有兩三位同學戴眼鏡啊！」

「名單已經確定了，不能改了。」

諸如此類我自大地認為一定是我的，偏偏就不是我的。

高中時代讓我學會一件事：「除了你需要舞台，很多人更需要舞台，尤其是他的才能很專注在某項領域的突出表現時，會多種才能根本沒什麼了不起。」

我覺得我的人生，就是從「很自我，到很大我，甚或是無我，最後又回到真我」的四階段境界的變化。

平衡不可得，取捨太傷人

人生五十歲體會的四階段：「自我、大我、無我、真我」，形塑了我五十年的性格。

年輕時的自我，我覺得沒什麼不好，跌了好幾跤之後自然就會學會，世界不是以你為中心轉動的。

上了大學，開始接觸大量人群，視野一下子就被打開，人是隨著環境改變而改變的，自己拚命幻想改變是沒有用的。

更別談出來社會工作，前三年想要力求加薪升職，後面十二年從事業務工作，都是需要討好他人的，無論這個人你喜不喜歡，你都必須放棄自己，去迎合他人，想辦法在客戶身上贏得業績，在主管身上贏得認同，在同事身上贏得肯定，在部屬身上贏得尊敬，若非適度地放下自己，哪可能得到這些東西？

其實這樣也沒什麼不好，我覺得這就是一種修練，修練自己成為一個更好的人。

直到創業之後，我才體認到，所有的修練都是為成就更好的自我，而那個自我必須有個性、形象，或者說是一種品牌吧？做自己的「真」，成為認識自己、成就自己最重要的事。沒有人喜歡一個me too的憲哥，而過往的磨練，那個自我、大到無我，再到不假掰的真我，一路上都是取捨與平衡交戰的過程。

明明不喜歡他，為了顧及ＯＯＸＸ，所以我要ＸＸＹＹ，這類的小劇場天天都在上演。我有時也會想，許多職棒球員被迫離開原來的球隊，到新的球隊報到時，當記者把麥克風推到他嘴邊，他就得馬上說：「我真的非常喜歡新球隊，也謝謝過去球隊給我的包容與尊重……。」

真的是這樣嗎？

社會化的結果，每個人每一天都在自我、大我與無我、真我之間，不斷來回平衡與取捨，做得好的，人際關係就好，卻沒有自己；做得不好的，人際關係差，卻活得像自己。您說，是不是「平衡不可得，取捨太傷人？」

我希望自己每天都往完美，更進步一點點。

我每一次看記者訪問球員時，都試圖聽聽弦外之音。

您是不是也如此呢？

小狼熱衷寫作的原因

盧廣仲說，寫歌最浪漫的事，是我喜歡的你也剛好喜歡。

寫作也是。

「廢文青」的反骨基因

二〇一〇年是我加入ＦＢ的第一年，也是進入青春叛逆期的開始。

那時我的內心是反骨的。經常以一種無所謂的眼光看世界，雖然在社會化的過程中不會表現出來，但我總會把情緒傾倒在ＦＢ的方格裡。因為心裡想到的話，隨時都可以寫成文字、發成動態，藉此博得一些理解與關心。★

同時，因為爸媽都還沒開始用臉書，我才能肆意妄為。（憲哥補充：其實憲哥二〇〇九年六月就開始使用臉書了，或許雙方都不知情吧！）

當時的我並不是一個善於說出心裡話的孩子，對我而言，寫出來比用說的來得舒暢。至今已經八年了，我依然用自己的方式向世界表達自己。

大一國文課的啟發

上大學之前，除了在臉書等等社群軟體，書寫日常心情之外，考試作文也是我認識寫作的重要一環。

中學時期幾個重要的國文老師，教的大多著重在準備考試的寫作，例如文章結構、修辭應用、寫作技巧等等。我曾經覺得為考試而寫作是一種敷衍又膚淺的做法，但這就是人生嘛，凡事從基本功，最讓人厭煩的部分做起。

也是因為這些「基本功」，才造就了現在對文字特別敏銳的我。

上了大學之後，國文課開始受到身邊部分同學的質疑。

「為什麼上大學還有國文課啊？」「國文課真的很廢耶！」「上大學還要寫作文真的很煩！」

一開始，我也有點受這些周遭的聲音影響，但對我來說，大一國文課卻是重新激起我心中寫作浪花的轉捩點。就像NBA球星遇到運籌帷幄的教練、像良馬遇到伯樂。

即使到了現在，我還是很感謝那門國文課的教授。

記得當時，我們都要在課堂上完成作文，當作學期作業。

剛升上大一，對寫作的認知只在應付考試而已。因此，當時的第一篇作文〈秋興〉，我只隨意應付，就按照我當時厭惡的那種寫作方式去撰寫。

現在重新回去閱讀，只覺一片空洞無溫。

爸爸的話

易霖從小就很優秀，不過我也處罰過他。

小學三年級時，我發現他動作慢。我是一個動作快，做事非常講效率的人。如果上班前要載他去上學，急驚風遇上慢郎中，總會觸動我缺乏耐心的神經。

有時候我忍不住就會捏他一下，催他快點。我覺得打孩子不好，也不喜歡使用「愛的小手」。以捏代打成了我處罰孩子的方式。

有時他會用眼睛直瞪著我，不說一句話，從來也沒掉過一滴眼淚。這些年來，我多次反省自己這種捏的處罰，覺得應該向他道歉。

我想，或許他心裡也記恨這件事，未來有一天，當我老了躺在病床上時，不知道他會不會像我小時候捏他那樣捏我呢？

有一次，我忘了為了什麼斥責易霖，然後我和他、我老婆三個人在房裡，我以非常慎重而誠懇的態度與他溝通，最後，他哭了，我也哭了。

我不記得發生什麼事，只記得那時的感覺，因為我第一次在孩子面前掉淚，不，是我們父子第一次一起哭泣。我老婆在一旁不知所措。

那時到底發生了什麼事？易霖，你若想起，要記得告訴我喔。

當時教授發還作文紙時，對全班同學說了一段話，到現在還記憶猶新：「不要拘泥在寫作的『題目』，這樣只會淪為刻意擺弄詞藻。寫作是紀實生活，將你發生過的故事，用你自己的語言寫下來，那才是你的東西。」

當時我不懂這個意思。但在幾個禮拜後，第二篇作文來了，題目是〈懷人〉，可以懷念任何人。

我懷的人，就是我老爸憲哥。

那疊作文紙我到現在還留著。因為當這篇發回來時，教授說她已經能感受我文字裡一點點真實的溫度。

我想，這就是我對世界的一種特殊的眼光，讓這種溫度專屬於我。

這造就了現在的我，一個熱愛記錄生活的我。

寫日記的習慣

剛升大二時，因為失戀而有了嶄新的生活。學期初，我起了寫日記的念頭。不過和很多人用電腦打字或是寫在日記本裡不同，我是用信紙寫，三至五天寫滿一張，就將它放進信封袋裡，標上日期。

手寫的筆跡是特別的，信也格外有溫度，像是以寄送給某個人的目的而寫。

一開始，想尋個好日子，將我記錄下來的、成長過後的自己，寄給我心裡那個想念的人。但後來我選擇將這些溫度，留給了二十歲的自己，當成他的生日禮物。

因為寫作紀實生活，我從信裡看見自己的成長，知曉自己為何而來，又為何而去。

每一天都好像一場球賽一樣，結果會過去，過程會留存。

憲哥熱衷寫作的原因

在一場職棒球員募款餐會上，我問小朋友：「為什麼想要打棒球？」

「我想變成王建民。」

那我為何要寫作？

逃脫的出口

為什麼要寫作？

夢想？實現自我？賺更多錢？有更多課？成為文青？趕流行？講課價碼更高？其實都對，但真正的原因是：「寫作，是逃脫緊箍咒的出口」。

二〇〇六年離職創業之後，我沒有想過失敗，其實也不是一定會成功，但就是沒想過失敗，盟亞企管很照顧我，讓我沒有後顧之憂，我的教育訓練市場，一開始，就一飛衝天。

從出道至二〇〇九年，很快就累積了四千多小時的授課量，各方面都收穫滿滿，接踵而至的就是疲累的身軀，與每天不想去上課的早晨。

更別說在大陸巡迴出差，城市間奔波。

長達三年與盟亞企管的專任合約，二〇〇九年底表明不再續約，二〇一〇年恢復自由身，這個身分不但沒有變得更輕鬆，反而更累。

客戶越來越多，擔心我跳槽的「恐慌性訂單」接踵而至，上課開始有壓力，這是我出書的第一個念頭，看看能不能擺脫一些糾纏，讓我喘一口氣。其實去念研究所也是這一年，老實說，是同樣的情景，同樣的道理。

我只想擺脫緊箍咒，擺脫太紅的緊箍咒，這道理其實跟許多小朋友不喜歡念書，喜歡運動，有很大的相似之處。直到王建民出現，成為全台所有國小棒球隊小朋友的英雄，那種崇拜與效法、標竿與學習，是一樣的道理。

這跟我在二〇一〇年六月二日看到何飛鵬社長的場景，如出一轍，他開口邀我寫書，對我而言，宛如救命仙丹，汪洋中的一塊浮木。

大一國文的翻桌

我真的喜歡寫作嗎？或者說，我真的會寫作嗎？

談談我的國文吧！

國文對我而言，從來都只是考試的工具，從小到大都一樣，尤其大一，國文成為我怨恨的科目。一則因為大學聯考國文只考四十四分，對國文產生排斥，二則我對大學還要念古文這件事一直很感冒。到了大一下學期，發生一件讓我永生難忘的事。

我承認我是乖乖牌，從小到大沒有頂撞過老師，大一下學期某次國文課宣布默寫題目時，我實在忍不住大發飆。

我站起來以近似咆哮的聲音對老師及全班說：「老師，妳可不可以告訴我，為什麼大一的學生還要念古文？這有什麼意義？對我們的人生有幫助嗎？念這些真的是浪費時間！」

那是台灣剛剛解嚴，開放黨禁、報禁、髮禁的年代，我要是出事，可能會被關的年代。

老師很客氣地跟我解釋，我一句也聽不進去，只等她講完。現在想起來只覺得老師真的很有修養，換做是我，我可能會請學生出去。

當然我被當了，五十五分，大學四年只被當一堂必修，就是一下國文，三下跟學弟妹一起上課的時候，是我永難忘懷的一段歲月，因為，我只有那一次經驗。

寫書有了成就動機，就跟棒球員找到熱情是一樣的

我能有今天，寫書寫到第九本，真的是奇蹟，如果您問我，真正的關鍵是什麼？「養成習慣，善於觀察，成就動機，情緒出口」，就這四項吧！

我常說：「寫作，跟先發投手維持上場投球的手感，是一樣的道理。」久久不投球，受傷都很久，維持寫作好習慣，驚訝出現好作品，不用管好壞，先寫再說。

棒球選手要鍛鍊肌肉，文藝青年的「寫作肌肉」也是鍛鍊出來的，天天寫，才是

鍛鍊。

寫作不只是寫作，寫作其實是觀察後的產物；好作品就是善於觀察後的高品質產物。我都跟小狼說：「你不只文筆好，而是觀察力敏銳，是觀察的視角極為獨特。」就好像投手善於三振打者，從來不僅僅是球速快這麼簡單，而是觀察出打者揮棒的節奏與規律。

成就動機是寫作的最重要靈魂，我相信這年頭寫作從來都不是為了錢、版稅這類俗氣的東西，而是讀者。每一次讀者來信跟我說他們看完我的書，收穫有多大，感觸心得有多豐富，我都好感動！其實是讀者帶著我成長的，我是說真的，您們才是我的成就動機。就像球員為球迷努力打拚，是一樣的道理，千萬不可以辜負在看台上瘋狂吶喊的熱情球迷。

最後，我不能否認，寫作是情緒的出口，越是低潮下的作品，越是雋永、越令人玩味。心情好時寫的作品，像是交響樂、搖滾樂；心情谷底時的作品，像是藍調、抒情歌，你說寫作像人生，我一點都不否認。

選擇寫作，就是選擇一種生活方式。

〈懷人〉——易霖寫給老爸的。關於懷念與期許

前言

這篇文章，寫在二〇一六年秋，這時，小狼還沒在我的靈魂裡正名。

我有稍作修改並且縮短篇幅，現在回頭一看這篇作文，才知成長的奇妙。一方面是看見過去文筆青澀的自己，另一方面是因為回憶太破碎，所以當時記錄的生活不如現在的完整。

但這都沒什麼，每個過往都是旅程的一部分，而成長大概就是對著過往噗哧一笑的過程吧。

〈懷人〉

自從有記憶以來，我就是衣食無虞的孩子。到了十七、八歲，都沒經歷什麼風浪，家中也沒有經濟困難的窘況，我想這應該得歸功於你，我的父親。

上了中學以後，學校的課業讓我早出晚歸，當時的我只知道大家漸漸開始稱你為「憲哥」，卻不知道你在外面的工作實情，也不知道你都在忙些什麼。

每次搭校車回家，時間都已近深夜。在下車後我總難免邊走邊想：「是不是其他的小孩都已經和爸媽一起吃過晚餐，現在正一起看著電視呢？」想著想著，不知不覺就走到家門口。

我知道，我一定是最晚回家的那個，所以總不必伸手拿鑰匙，直接開門。馱著磚頭一般重的書包，一邊脫著鞋，老爸似乎對我說了什麼，但我總不想聽仔細，直接走進房間就關起房門。返家前的那段猜想，我也將它丟開，洗了澡，倒頭就睡。

每一個早晨也是一樣的狀況。為了趕早班校車，我總不會把老爸的話聽清。現在回頭想想，老爸究竟都說了些什麼呢？或許是一些很有意義的話、一些「相見恨晚」的人生觀吧。

高二那年成年禮，有一段「家書時間」。因為我獲選為班上給老師奉茶的代表，所以沒能和所有同學一起閱讀家書，而是在活動結束後，獨坐在學校警衛室內，拆開信封。沒搭配感人的音樂，也沒有活動主持人的旁白「助興」，只有車水馬龍的嘈雜。

信封內，有兩張A4大小的紙，上面是密密麻麻的新細明體十二號字，我確定，這是老爸寫的，紙的背面，還有爸媽的簽名。

家書某一部分，老爸寫到對我的期望。這個期望很簡單，是「成為對這個社會有用的人」。老爸的文字，加上我當時讀家書所在的環境，其實並不好哭，但卻足以讓我開始思索，要如何開始實踐這個期望。

在一次老爸的演講裡，我找到了我要的答案。

那次演講中，老爸提到了他的媽媽，也就是我已經過世的阿嬤。★投影片上，映出一些模糊的筆跡，那是阿嬤在生前，用鋼筆在一本小學作業本上寫的日記。這裡面也記載著，阿嬤對老爸的期望，是能成為社會上有用的人。

老爸實踐這個期望的方式，就是你們現在看到的他：站在屬於他的舞台上發光，並且逐漸將他的光，傳遞給四十歲、三十歲，甚至到二十歲的，我的這一個世代。

阿嬤的期望是如此平凡，而老爸實踐了，正影響著社會上無數的人們。我確信有一天，自己也有能力接下這火炬，不管站在哪一個領域的舞台上，只要一步一步向心中那個最嚮往的自己出發，那麼總有一天都會到達。

不奢求做改變世界的菁英，只願當自己心中的英雄。

憲哥寫給易霖十六歲生日家書

親愛的易霖：

一九九八年一月四日你出生的那天，是我們全家最期盼的日子，迎接新生命到來

爸爸的話

二〇〇五年七月十一日，我媽媽解脫了長期臥床的病苦，離開了人世。

那期間有一天，我開車帶家人回老家向媽媽祭拜上香。途中，我聊起和媽媽的往事，很希望家人能常和我回去上香、看看阿公，若老家有事需要幫忙，也多少幫著做一些事。說著說著，一股強烈的情緒升起，我悲從中來，便把車停在路邊，好好地大哭了一番。這突如其來的情況，讓老婆孩子不知所措，只有我的哭聲在車內狹小的空間裡迴盪。幾分鐘後，我擦乾眼淚，再次上路。回到老家，若無其事地進入家門，做著身為人子該做的事。

之前媽媽中風，長期臥床，由爸爸和外傭輪流照顧。爸爸肩頭上扛著重擔，沒有太多心力關心孫子。

我跟媽媽感情很好，但在生活工作兩頭忙的階段，比較不常帶老婆孩子回我爸媽家，加上兩個孩子託岳父岳母照顧，和外公外婆比較親，與阿公阿嬤的情感就較為疏離了。

關於親情這件事，我心裡有著遺憾和虧欠，因為，我做得不夠好。

的同時，也是迎接謝家長孫報到的日子，但那時的爸媽正在辛苦耕耘我們的人生。

媽媽在台北工作，擔任化妝品公司的教育訓練與業務主任，每天搭著公車往返永和與台北間，挺著大肚子並周旋在數字堆中，除了每天期盼你的到來，與擔心母子的健康與安全外，懷胎十月的辛苦，大概只有親身經歷才知箇中酸甜。爸爸在信義房屋桃園中正店擔任店長工作，業績長期沒有起色，薪水並不很高，一段時間還靠借錢過日子，每週回永和一到兩次跟媽媽聚聚，父母聚少離多的日子目的無它，只希望認真打拚並迎接你出生後的家庭新美滿生活。

然而你來了，我們就改變了。

你來到世上後，我們的努力有了全新的意義，再怎麼辛苦，也不想苦了你，雖然奶粉尿布錢對當時的我們而言很昂貴，但是爸媽卻甘之如飴，因為你是我們生命中的希望。家人都很疼你，尤其是外婆，你能有今天，真的要感謝婆婆，她是你生命中最重要的人，她對你的呵護，無微不至的愛甚至愛你超過愛她自己。

你才八個月大時罹患腸病毒，在林口長庚住院多日，我第一次看到媽媽與婆婆同時掉下眼淚。故作堅強的我，雖然知道你一定能痊癒，但我們都為了你小小的身軀受盡折磨，而心疼不已。

你從小就聰明，聰明得不像同年齡的孩子。「數學天才」是你的外號，「天才兒童」是爸媽朋友對你的稱呼，更是我們心中偷偷竊喜的驕傲。你從小不必我們擔心功課，自動自發的求學精神、具備領導能力的王者風範、貼心傾聽的特質、同學眼中的好朋友、弟弟眼中的好兄長、爸媽長輩眼中的好孩子，你是我們的寶貝，現在的你，要「做十六歲」了，我們好為你感到開心。

我的媽媽，你的祖母早年打拚事業導致四十五歲壯年生病，從此臥病在床十四年，也正因為如此，爸爸決心把二十年的菸癮給戒了。身體是一切財富的根本，爸媽希望你好好善待身體，身體健康是無可取代的，希望你早睡早起，減少眼睛的傷害。或許你覺得這是老生常談，但這點的確很重要。

爸媽希望你打開視野，與世界接軌，二十一世紀的競爭是水平的競爭，世界是平的。你們這一代或許衣食無虞，但競爭激烈甚過爸爸這一代，爸媽希望你不因現在的成績而自滿，勇敢挑戰自己的學習極限和視野，學好語文，認識並發揮自己的天賦，多多結識對自己有益的朋友，善待家人，珍惜相處並過好家庭生活，用心感受周遭的人事物，成為弟弟的榜樣，同學的學習標竿，行有餘力要幫助同學。

你十六歲的前夕，或許爸媽給你的財富不僅有金錢，更重要的是態度。希望你的未來人生能夠謹記「全力以赴、堅持到底」的態度，把自己的「專業與熱情」發揮並展現在每個有你的場合中，讓社會國家因為有你而更好。對工作要敬業，對求學要飢渴，對生命要珍惜，對夢想要執著，對家人要珍惜，對朋友要守信，我相信，我們都將以你為榮。

生日快樂，十六歲快樂！

愛你的爸爸媽媽

憲哥寫給易霖十八歲生日家書

親愛的易霖：

今天是你十八歲的生日，讓我想起十八年前的今天。天氣很冷，婦產科近到只要走路三十秒就到的隔壁幾間，相隔只有二十公尺，但不減我們對你的愛。

你的頭很大，哭聲也大。那天很冷，出院沒多久你就到了外婆家，你的人生如果有什麼成就，第一個要感謝你媽為你挨了一刀，第二個就是外婆。

八個月不到就得到腸病毒，住在林口長庚，大家都哭了，我卻不能哭，要給媽媽與家人信心，這些你都不知道吧？

一歲不到，我騎機車摔倒，你跟媽媽都摔了，是你媽保護你的，要不然你可能不會這麼聰明！

幼稚園起熱愛數學，小班就上了小燕姐的節目，全安捷倫都知道我有一個知道幾年幾月幾日是星期幾的小班兒子，我過足了星爸癮，還好你不是只會這個。

數學帶動你的其他各科，學科都不需家人擔心，名列前茅的你從來不曾驕傲，反而謙遜大方跟大家分享你的知識，我很以你為榮。

小五參加游泳比賽的故事，被我拿出來講課，拿出來寫書，拿出來錄成有聲書，雖然很調侃你，但你的努力與堅持，我想全台灣大約有百分之一的人都知道。這故事感動了大家，更激勵了我自己，讓我從小牌講師，到全台可能也有百分之一的人認識我，這都要歸功於你。

因為我也知道：全力以赴、堅持到底的精神，才是真的勇敢與成就。

高一下學期你跌斷了手臂的骨頭，大家都想安慰你，你卻勇敢到讓我非常擔心。鎮定地進了開刀房，還叫爸媽不用擔心，外婆早已哭紅雙眼，你很堅強，我很欣慰，你為教官與同學們的自責，找到了台階，我們都不忍責備學校，因為你的堅強。

幾個月後你重回球場，再度享受陽光與團隊精神帶來的驕傲。你熱愛籃球，你擔任全校糾察隊隊長，那種榮耀的眼神，我光在旁邊看，就覺得耀眼非凡！你很棒，有領導力，有魅力，有頭腦，有慈悲心，我們也都以你為榮！

再過幾天就是考試了，沒聽你說過一個苦字，回家繼續一派輕鬆，成績仍然耀眼，放輕鬆，無論是什麼學校，都會是最棒的選擇。

最後，你出生的前兩年（一九九八至一九九九）年，是我在信義房屋最苦的兩年，還要到處借錢過生活，正因如此，我們才能享受富足的美好，行有餘力幫助他人，養成凡事反求諸己的習慣，對人寬宏，讓自己變得更強大，你可以做的事情會更多。

你也可以上網連署責怪虐貓者，也可以發動保護動物的實際行動，無論你採取何種行動，記得唯有壯大自己，正面影響他人，做個對國家社會有用的人。希望我退休之後，你還可以無憂無慮念完大學、研究所，家裡錢還夠，不用擔心，保有慈悲心，知道感恩，你就是最棒的！

身為父母，養兒方知父母恩，十八歲生日快樂！

愛你的爸爸媽媽

憲哥寫給小狼二十歲生日的感謝信

親愛的易霖：

二十年了，一轉眼就二十年了，從張紅淇婦產科出院回到家裡，短短二十公尺的路程，是我跟你外婆一起抱你回到家裡的。

已經過世的阿嬤當時身體並不方便，不過，她看到你第一眼時的笑容，我到現在都還記得。

你國小一年級，阿嬤才五十九歲就離開大家了，人生就是如此，送走舊人迎新人。很殘酷，更是需要深刻體會的，這道理跟沒有當爸爸，永遠不知道爸爸是怎麼一回事是一樣的。

你出生的時候，爸爸在信義房屋桃園中正店擔任店長的工作，當時的業績並不好，很缺錢，我到處籌錢過日子，現在想來都還鼻酸。我一直以為「娶某前、生子後」是真的會有好運，但你當時真的沒有給我帶來好運，直到你二十歲。

我一直覺得我在你身上看見我的影子，寫一封信給你，其實好似寫給自己一般，那是一種血濃於水的情感，很想逼你快速成長，但又需要保留給你成長的空間，很難取捨，這樣難的取捨，我覺得天天都在發生。

我不想講太多這世界的凶險，更不想包裝太美好的願景給你，只希望你去體會，體會人生，活在當下。

送你二十歲的禮物，我想了好久，說好就是這本書的二分之一版稅實在太俗氣，講講可以流傳千古的家書或是期許吧。若是只給你一條，你也不會有賺到的感覺，我就把我活到五十歲，能夠送給二十歲的你，十個你能在未來三十年生存的心法與武功密技吧！希望這十條心法，讓你會有賺到的感覺，你爸可是暢銷作家喔。

1. 身體若是不好，一切免談，好好照顧自己，傷害自己的事千萬別做。
2. 學歷不會代表一切，會念書，是最不值錢的競爭力，要有一技之長。
3. 把上台的功夫磨練好，簡報、演講、授課、唱歌都行，當別人說，小狼真的是憲哥的兒子時，我真的感覺很驕傲。
4. 英文是你打開通往世界的鑰匙，沒有最好，只有更好。
5. 好好鑽研籃球，會聊運動的男人，一輩子不缺朋友。
6. 對外婆跟媽媽好一點，沒有她們倆就沒有你。
7. 不要太專注在你自己的世界裡，世界無限美好，等著你一步步去開展。

8. 錢夠用就好，並不代表可以沒有積蓄，沒有錢的人生，會恐怖到你無法想像。

9. 團隊合作能力、溝通能力、解決問題的能力、行銷與業務能力、領導與影響力，會是你這世代最重要的幾項技能，是的，沒有會考試的能力。

10. 記住出版這本書的感覺，爸爸不會陪你一輩子。

拿到版稅，記得請全家吃飯，我要吃多一點！二十歲，生日快樂，我愛你。

人稱知名講師、暢銷作家、主持人的你老爸

給三十五歲的謝易霖

嘿！十五年後的我，你好嗎？

二〇三三年，那會是怎麼樣的世界？

如果在你那個時代，Facebook還在，還會替你製作「動態回顧」，讓你回望十五年前的今天，那麼我應該不用擔心你會忘記這一段文字，因為你每一年都會看到。

你所在的時代，是什麼樣子呢，我好奇。

在你那兒，科技會不會已經使人變得懶惰？機器會不會取代更多人的工作？人類的聰明，會不會正將自己淹沒？

你那裡的世界，社群媒體是否還活絡？網紅、YouTuber是否還當道？又有多少人，曾經竄紅又如煙火墜落？

不知道在你的時代，還有沒有雋永的老曲，足夠你回味十五年的人生？

如果你忘記，讓我幫你做個提醒。

在我這時，五月天寫了《自傳》、開了「人生無限公司」，我想他們的創作在你那裡，依然是雋永，且值得回味的吧！在我這時，盧廣仲、李榮浩的創作，開始撞擊我的生命，與我心中的聲音起了共鳴，希望在你那裡，他們的歌曲依然是你靈感的湧泉。

那NBA呢？

如果你忘記，讓我幫你做個提醒。

今年是二〇一八年。聯盟剛將Kobe Bryant的8號以及24號球衣，雙件榮退。

今年是LeBron James的第十五個賽季、Kevin Durant的第十一個、Stephen Curry的第九個。在你那裡，他們應該都退休了吧，而繼續主宰聯盟的，或許是我不認識，但未來將會認識的球員，對吧？

二〇三三年，NBA會不會加設「四分線」呢？我猜不會，永遠不會。

我想，這十五年的歲月，NBA依然是伴你成長的良藥。有許多球星的故事陪伴你，成為你精神上的依靠。

又或許，長大了的你就再也不需要，因為你已經撰寫屬於你自己的故事。

希望也有許多不同路線的創作者，舉凡歌手、YouTuber等等的足跡，能讓你沿途摸索，並且你的故事，也能與他們的迸出火花，進而激發你的創作與生命能量。

然而，時間可能會改變你的思緒、價值觀。你對世界的看法會改變、夢想會改變，很有可能，你現在進行的工作，完全不是我能想像得到的。畢竟現實的壓力會改變，搞不好也會影響你的擇偶條件，對吧？

只願你此時，已經學會在愛情裡適時放下尊嚴。

歲月總無聲無息改變人的一切，我只願你過得有聲有色，在這十五年間。

記得嗎？你在十九歲的最後一天，看了《大娛樂家》（*The Greatest Showman*）這部電影。

記得嗎？你在二十歲的生日時，正在醞釀一樁大作，儘管離你幼時成為創作歌手、發專輯、站上大舞台的夢想還很遠，但我已經正在享受這樣的過程，讓寫作成為人生的必須，像面對生活的諸多煩惱一樣，苦中作樂、樂此不疲。

十五年前的你，依然因為期末考而苦惱、也正在因為台大桃友之夜總召的領導重責，而準備忙得焦頭爛額，但你知道在你的背後，有一群可靠的團隊。

記得嗎？當時沒有他們，就沒有我，也沒有現在的你。

哦對了。願現在的你不管從事怎樣的工作，都能擁有一群可靠、值得信賴的夥伴，使你不致孤軍奮戰。你記得吧，十五年前的金州勇士隊，他們總樂於向團隊分享成功、分享喜悅、分享家的感覺。願你也有這麼一群團隊、朋友、家人，可以讓你分享這些幸福。

十五年，很多事情會改變的吧。但我對你，依然有幾個期許。

願你別失去對大自然、對生活、對旁人的感知。
願你因生命的高峰而虛懷若谷；願你因生命的挫折而嚮往進步。
願你記得你的年少。
願你還記得我。
這篇文章，寫在你二十歲的生日。

給三十五歲的謝易霖：
我是二十歲的你。我正在往你那出發，我會努力到達，把這時的謝易霖交給你，我希望你也能鼓勵到他。
還有千言萬語想對你說，但我會將這些話一步一步實踐，在成為你的路上。
生日沒有什麼偉大的願望，只願我愛的人和愛我的人平安健康。
我是謝易霖。

謹以此文致敬〈史詩〉的創作者蛋堡（杜振熙）。
一個人啊，不論在別人眼裡是成功或失敗，都不會停止長大，也不能停止長大。

給三十五歲的謝文憲

二〇〇三年的謝文憲，你好嗎？

你知道嗎？世界變得很快，你的NOKIA手機馬上就不能用了，安捷倫馬上就會被分成好幾間公司，台達電子、信義房屋還是屹立不搖，華信銀行改了兩次名字，光是你待過的公司，變化就不小了。

你要好好享受全家人一起看電視的時光，因為以後的電視節目真的不好看，而且孩子也不會陪你再看電視，或者我這樣說：十五年後的今天，很少人在看電視節目了。

你花了很多錢買原版CD，我跟你說，以後就沒有CD了，如果是買來收藏，我沒意見，如果是買來聽，嗯，以後不會再用CD聽音樂了，不過音樂市場的蓬勃，是你始料未及的興盛。

尤其，你會愛上比買CD更花錢的演唱會，那一張票，可以讓你買十張CD，而且一次要買四張。CD還可以大家一起聽，演唱會不能錄音、錄影，必須親自進去現場實體感受，才是現在聽音樂、享受音樂的王道。

這些歌手裡面，最花你錢的是：五月天，他們會很紅、非常紅，你看看有沒有機會早我九年去感受一下。

你的業績非常好，明年此時，你會得到總裁獎殊榮，記得低調，不要驕傲。

阿扁明年選舉會出事，但全國到現在都還不知道這件事是怎麼發生的，十五年後的台灣民主社會很成熟，也很墮落，建議你把關心與投入在政治和政黨上的時間，可以全部拿來看書，至少拿來睡覺都比關心他們來得好。

不要太投入政治，他們都是要你選票的業務，說會做到的事，大部分不是真的。說說熱血的事。

二〇〇三年亞錦賽，高志綱在札幌巨蛋，延長賽中擊出再見安打，擊敗韓國隊，我國取得二〇〇四年雅典奧運的參賽權，那一球你一定還記得吧？雅典奧運雖然成績不盡如人意，但那關鍵的致命一擊，會讓全台灣觀眾回味無窮。

至少十五年後的今天，我還永難忘懷那一天，我翹班回家看電視，看完再若無其事地回公司趕報價單。

還有，這個再見安打真的很難得，台灣以後很難在大賽贏韓國了。二〇一四至二〇一七這三年，我積極到海外看球賽，一共趕赴日本但馬、韓國首爾、日本東京三個地點，一共看了九場棒球賽，戰績一勝八敗。唯一的一勝就是對韓國，那是身障棒球賽；八敗當中，輸了韓國兩次，另外六次分別是：日本兩次，美國、波多黎各、荷蘭、以色列各一次。

台灣棒球很難在亞洲有一席之地，我說的是前兩名才叫一席之地，球迷傷心的多，開心的少，不過，棒球帶給人們的從不僅僅是輸贏，而是態度，你喜歡棒球很好，繼續喜歡，讓我老了有事做。

好好照顧身體，你在四年後真的要戒菸了，終結長達二十年的菸齡，我現正想，如果你能早幾年戒菸那該多好。

今年你會登上數位時代雙週刊專訪，而且是封面故事，不得了了，而且你會認識ＩＣ之音任樂倫主持人，她會在廣播節目中訪問你，很多人會聽到。

專訪雜誌被文化大學推廣教育中心、超洋管理顧問公司都看到，他們會開始約你上課，就在明年，二〇〇四年，你的人生會在三十六歲那一年出現一條岔路，你很勇敢，往岔路、人少的路、很難走的那條路走過去了。

你的人生因為這個選擇，全變了。

從此，你不會變成中壢市長，你將成為全台灣知名的企業講師與職場作家。

你真的很勇敢，要繼續勇敢，你的人生在五十歲之後，會有很大的不同，要有理想，人一定要有理想。

繼續看你最愛的棒球，你會跟你二十歲的兒子，合寫一本書，想不到吧？

Chapter 2

世代 愛的理解 連結與共鳴

創作，走走停停的人生

創作是生活的延伸，以影像、文字、圖片分享，是截然不同、也密不可分。

寫作、音樂、球賽

在二十歲的靈魂和軀殼裡，我用文字記錄自己的生活和成長歷程，再從別人的音樂，或其他類型的創作中，找到一些自己的影子。當然，在欣賞NBA球賽的過程中，我也經常用球星成長的故事激勵自己，讓自己不斷進步。

然而，「不斷進步」是一件很累的事。我們都是平凡人，不可能隨時保持「正向」，總有幾個失去動力的時刻，想好好停下來歇息。

如同馬拉松選手，在幾十公里的長途中，總要懂得配速；也如同籃球員，每一個play都必須要停下來觀察隊友和對手的位置。

不懂得停下腳步，容易錯失良機，或遺失了人生的美好風景。

不論是書寫、音樂，或影音的創作者，他們的故事告訴我們，每一段創作的過程總有空窗期，總有想破頭也擠不出靈感的時候。寫這本書的同時，也有一樣的經歷，而我總告訴自己：「不記錄，可能也是一種記錄。」

用一個賽季來看，在NBA的一年中，賽季只有六個月的長度，若是打進季後賽，最多也再增加兩個月，也就是說，一年中有三分之一的時間，是沒有比賽的。而對於那些球技已在世界頂尖的球員們來說，這段球賽的「空窗期」，才是成就他們與眾不同的原因。

用一場比賽來看，球隊的主力得分手最重要的事情就是出手投籃，許多戰術會替他們設計出空檔，但強如他們，也總有投不進的時候。這時，如何看待那些投不進的球，才是成就他們偉大的緣由。

籃球大帝Michael Jordan 曾經說過：「我可以接受失敗，但我不能接受不嘗試。」

兩年前退役的「黑曼巴」Kobe Bryant 也說過：「我寧願三十投零中，也不要只九投零中。」

同樣的道理，每個人的人生都會遭遇瓶頸和空窗，如同寫作、音樂，和球賽一樣。大至一兩年的傷病，小至幾個投不進的球。我想，也是因為遭遇瓶頸，再不斷嘗試，才能找到屬於自己最黑暗、最負能量的一角，並且學習面對它，與之共處。

畢竟世界太大了，我們身為人，又處在一個資訊爆炸的年代，映入眼簾的事物色彩斑斕、難辨真假，以致我們經常迷惘，越看越覺人生茫茫。好多個夜裡想過放棄夢想，找不到真正屬於自己的那條康莊大道，甚至開始懷疑人生的價值。

而創作，無論甚麼方式，都是與生命共進同退的，走走停停是常態，但只要活著，你的故事就永遠在書寫。

沒能創作時，就好好生活。

停下來，也是一種前進方式

一般人一年有四季：春夏秋冬。

我一年只有兩季：球季、非球季。

球季、非球季

擔任企業講師十二年，我其實也有寒假：一、二月，俗稱職業球員的休賽季。

由於企業作業周期的關係，一、二月通常鮮少課程安排，我與同業都是利用這段期間養精蓄銳、休養生息，大家也趁機交流抬槓，交換彼此的授課心得與經驗。對我們而言，這兩個月非常寶貴，因為每年後面十個月，要找個連續三天的假期都不是這麼容易。

我們最常做的事就是：「進廠保養。」

上了幾年課，多多少少身體都有些傷痛，無論是看得到的、看不到的，大多老師都是利用這段時間求助醫師，無論是需要開刀，或是處方箋診療。總之，隨著時間的流逝，人雖然變老，但講師費也是水漲船高，兩相抵銷，我個人覺得並不值得。

因為這畢竟還是用時間換金錢的行業，完全沒有被動收入，等到年紀大到一種程度之後，無論是自願退休或是被迫退休，能有選擇的，還算是贏家；沒得選擇的，都是輸家。

職棒球員其實也是一樣。

最近有機會再度看到陳金鋒的退休影片，打球一輩子，在褪下球衣那一刻，能有兩萬多名球迷陪你一起，無論最後一打席是悲是喜，我相信結果都是令人喜悅的。

有次近距離與王建民、林智勝、高志綱等幾位明星球員餐敘，我無意間問了幾位球員一個問題：「您們身上有多少傷？」

球員打趣地說：「應該問，哪裡沒有傷？」

我們雖然都哈哈大笑，但這卻是職業運動球員心裡的最痛。

若說運動傷害是職業選手最偉大的印記，一點也沒錯，就像戰士身上的傷疤一樣，但是，有誰真正想要這些印記呢？

球季的拚戰與努力，休賽季就來修補這些印記吧。

除了利用休賽季休養生息，我也會積極研發新課程與設想新的合作模式。我相信每一位職棒球員在展開下一個球季之前，都會期許把自己的狀態調整到最好，把自己的身體調整到巔峰狀態，無病無痛，我不也如此嗎？

停下來，是另一種前進的方式。

傷痛讓我們成為更好的人

那是高一下學期的事，二〇一四年五月二十七日。

我永遠記得那天。

操場、大門、醫院、手術室、病房。

教官、學長、同學、父母。

我愛喝的奶茶一箱。

時間軸先拉回二〇一七年十月，克里夫蘭的速貸球場，NBA一場騎士對戰塞爾提克的比賽，揭開了新賽季的序幕。

比賽進行了約莫五分鐘後，一聲巨響給這個賽季劃下深沉的一刀。

塞軍主力Gordon Hayward從空中跌落在地，腳踝扭曲，表情痛苦猙獰，速貸球場的球迷先是寂靜一片，後來擔架將Gordon抬出場，場館內的群眾開始替這位恐要面臨重大傷痛的球員起立鼓掌。

我看見了球迷真摯的熱情與愛。

「我演練過那個動作無數次，但就那一次跌落，我聽見一個奇怪的聲音，看見自己的腳踝扭曲成奇怪的角度，但並沒有感受到立即的疼痛。過了三、五秒，我發覺事情不對勁了。」Gordon 在復健期間，回憶受傷當下說道。

這是Gordon Hayward的故事，也是我的故事，或許也曾是你的，關於受傷。

二〇一四年五月二十七日，第八節下課鐘響，我像往常一樣以飛快的腳程衝向操場，準備進行糾察隊例行的操練，操練也像往常一樣嚴格。伏地挺身，十下、二十下、五十下，每個人都一樣。

但那一次伏地挺身之後，我這裡事情不對勁了。

手臂曲折的角度異常，三、五秒後疼痛感襲來，我向學長們呼救。

已經忘記當時學長們看到我受傷的反應了，既然會忘記，我猜想那反應可能不很震撼。不特別驚嚇、不特別恐懼，大概是很沉定穩重地，幫我想著解決方法吧！

我的學長們都是這樣的人。因此受傷當下的我，也沒特別多想什麼，只是很安心地上了車，到離學校最近的醫院掛急診。★

幸好傷的是手，不需要擔架護送。不過到了醫院後，他們說我必須先將手臂喬回去，才能打上石膏。親眼看著醫生折我的手，那瞬間整個人都不好了，但表情也只猙獰了那幾秒，又逞強地回歸淡定。

他們說，要近深夜才能動刀，必須先進病房休息。當下我想，大概就是記憶中，連續劇裡那種簡單樸素的病房吧，結果老媽幫我安排了超高級的病房，當朋友來探望時，連自己都覺得有些尷尬。

當天傍晚，教官到了病房，還帶了幾位我特別敬重的學長。他們全都結個屎面看著我，我想，他們大概都是很擔心我的狀況吧。所以我連連說了幾次「不太痛啦」、「還好啦」這類的話。後來想到了糾察值勤的事，於是話鋒一轉就問了學長。原來他

爸爸的話

在易霖的高中生涯中，對他影響最大的，應該是參加了糾察隊。他從一般的糾察隊員開始，當到了幹部，高二當選了隊長。

一開始，我其實不知道糾察隊員到底要做些什麼，直到某次參觀學校的校慶之後，看到糾察隊員戴著鋼盔、裹著綁腿、繫上S腰帶那種威風凜凜的氣勢，才知道糾察隊員不僅風光，而且頗讓人羨慕。尤其當我知道那些糾察隊員都是我兒子帶領出來的，心裡也不免感到驕傲。

我會站在輔助者的角色，鼓勵孩子擔任社團幹部，學習團隊精神、人際相處之道並建立領導能力。易霖成為糾察隊長，無疑使他在高中培養了上述這些重要能力。尤其是領導能力，我認為相較於進了哪一所大學、攻讀哪一個科系，這項能力對於未來的職業生涯發展有更長遠深刻的影響。

們都立刻幫我安排好了代理值勤的人，也跟我說不用擔心那陣子糾察的事。

但我難免心繫，畢竟心中有一個想競選隊長的目標。

其實當時心裡很怕，怕自己這一傷，就無法達成目標了，就像受傷的Gordon Hayward，知道自己不可能被選進全明星一樣。

完成手術後，麻醉藥似乎讓我睡了很久。醒來過沒多久藥效退了，動刀處開始如針扎般痛楚，再加上病房裡讓我有點搞不清時間，經常痛到輾轉難眠。不過因為當時我有另一個目標，讓我在痛得要命的夜裡足以專心。

那是一本名叫「爬格子」的日記本，是我準備七七四十九天送給情人的生日禮物。我不想錯過任何一天記錄的機會，因此受傷那幾天，我依然在病房的小桌子上，用沒受傷的那隻手提筆寫著。

現在想起來，就是因為痛苦才深刻吧。

再來談談我的爸媽對這次事件的反應。

在糾察隊經歷這樣的傷，他們對學校沒有一絲怪罪，反而很感謝教官和學長姐們對我的照顧。也是因為這次受傷的經歷，我才知道他們是真的替我著想，知道我是愛糾察的。如果換作其他家長，很有可能就叫我別再待在什麼糾察隊了吧？

後來，我順利選上了隊長，這中間還有一些故事。但總的來說，還是多虧了我自己快速的振作和復原吧！

今年賽季過後，相信Gordon Hayward會因為這段復健的漫漫長路，蛻變成更好的籃球員，不只這樣，相信他也會成為更棒的人。雖然我的這段路與他的相比，肯定簡單幾百倍，但我也體會不少，更意識到自己成長了。

因為接納傷痛並且勇敢地走向復原之路，傷口才會快速癒合，並且讓我們從疤裡蛻變，成為更好的人。

輪椅人生

我這輩子只坐過兩次輪椅，都在媽媽過世之後。

媽媽在二〇〇五年七月十一日走了，結束了長達十四年的病痛，無病無痛地瀟灑離去。過程中所受的煎熬，我們跟她都很清楚，那不是人過的生活，期間陪伴她十四年的就是輪椅。

我以前載媽媽去看醫生，除了抱她上車以外，開車前一定要把輪椅摺好，收進後車廂，才能開車上路。到了醫院，重複的流程再來一次，駕馭輪椅，也頗有心得。

二〇〇六年七月一日，我自己出來創業初期，什麼課都接，南來北往，東奔西跑，不論時間長短，只要是有通告，我都跑。這樣的結果，不但專業與品牌無法累積，最後只是換得一身傷。

四十五天之後，老天給我第一個訊號，警告我：身體的重要。

當年八月中旬某日，課程結束之後，身體極度不適，坐立難安，無法站力更無法躺下休息，腰椎痛苦難耐。忍了幾天硬撐上課，去醫院掛了門診，拿了幾顆無用的止痛藥，即將面對隔天的大陸行。我撥了通電話給管顧公司老闆，商量取消或延後的可能性，無奈對方不但希望我去，還希望未來能夠多接幾梯。

我是很愛面子的，硬撐的結果就是付出更慘痛的代價。

於是依照原定行程飛往香港轉機，單單就是香港機場的轉機路程，我就無法走完，不敢跟老人家一起搭乘接駁電動車，一拐一拐地走完轉機路程，再搭下一行程飛機轉往上海。

進到上海再接駁前往蘇州，折騰了一天，真的好累！後面兩天是每天十小時，連續兩天共二十小時的訓練課程，心中不斷發出痛苦掙扎的對白，我告訴我自己，我一定要活下來。

兩天過後，晚間八點下課的瞬間，學員間響起如雷的掌聲，好像要感謝我的精彩付出，以及鐵人意志，但我心裡一點都不想這樣做，如果可以，我完全不想這麼做。

我感覺我已經戰死沙場了。

隔天連走都不能走，司機上樓把我背下去，上了車，一路到浦東機場，東方航空櫃檯申請輪椅扶助，於是我搭了第一次的輪椅，很熟悉，好想哭。

不是我身體有多痛，而是我想到媽媽坐了十四年的輪椅，我才一天，如何才能體會媽媽的心境，我好難受。

在上海浦東機場G36登機前，機場服務人員幫我推輪椅，預備下樓坐登機準備，等待電梯前，旁邊的書報櫃檯傳來了一首輕音樂：順子的〈回家〉，我無預警地在電梯口痛哭失聲，服務人員連忙問我：「你很痛喔？」

嗯。

我完全說不出一句話來。

返台後，我在家裡休了二十幾天的長假，不斷反省自己的經營策略與生涯規劃，我做了三個重要決定：

1. 開始找回游泳習慣。

2. 開始書寫部落格。
3. 開始產生念頭預備戒菸。

如今我已經養成游泳習慣十二年了，部落格斷斷續續也寫了十二年，更重要的是：我戒菸十一年了，我不敢講我的人生跟這次輪椅經驗有何重要連結，但我可以確定的是：「人就是要在遇到事情之後，才會願意改變。」

而這類事情，看似都是不好的事情，但它是老天爺為了讓你更好，將禮物包裝成看似醜陋挑戰的難關，卻是讓人類深自反省的重要體驗。

然而第二次輪椅經驗呢？

在蘇州，又在蘇州！不同公司，下課後在草地上走路，扭傷左腳踝，腫得跟饅頭一樣大，沒辦法走路，柺杖加上輪椅，第二度坐輪椅返台。

讓我以後去大陸上課，一朝被蛇咬，年年怕草繩。

人生是一場告別之旅

告別是當下
領悟是後來

籃球世界的離合

看NBA這麼多年，見多了職業聯盟「在商言商」的考量，不少球員被迫與自己待了很久的一座城市告別；也有一些能夠自己選擇去向的超級明星，為了自己的生涯考量，不惜和老隊友分開，甚至反目。

Kevin Durant 就是我很佩服的一位球星。

深知自己在老球隊，已經無法發揮最大潛能，當另一支優秀團隊擺在他面前，讓他選擇時，一邊是整座城市對他的期待、一邊是他對自己的期許，他取了後者，捨了前者。

比起佩服更多的是，他讓我了解球星也是人，平凡人。為自己生涯做出選擇，讓他成了「背棄」整座城市的叛徒，但也讓他在一年之後，為新的球隊奪下總冠軍，一圓他八歲時就向媽媽許下的夢想，一個NBA冠軍的夢想。

這就是取捨吧。

NBA球員自始至終待在同一支球隊終老的，屈指可數。就像愛情要決定了一個人就從一而終，並不容易。

因為想法會變，對生涯的考量會變，對世界的看法會變。Kevin Durant也曾在年輕時批評過其他明星的選擇，但他在二十八歲時，也為了自己的生涯做出選擇，這個選擇不是每個人都能接受，但他選擇忠於自己的內心。

畢竟聆聽別人的故事，或指點他們的選擇，都只是對未來的一種聽說。聽說都很容易，自己經歷的才是切身之感，需要反覆咀嚼才能取捨，並且釋懷。

與家人的離合

若不是老爸每年都會提醒我一次，我可能早就忘記當時送走阿嬤的場景了吧。甚至還需要回推阿嬤過世的時間，才能想起我當時到底有多年幼。

當時我只有七歲，並不很了解這個世界。只知道有個很重要的家人離開了我們，大家都在哭，所以我也忍不住哭了。

其他的情緒早已記不得了，這件事對那時候的我而言，並不算是很深刻的記憶，一個七歲小孩能有什麼深刻的情緒呢？

但對老爸來說，那個時間點是改變他人生的轉捩。

決心戒菸就是最重要的一個。

死亡是人生必經。我們或許能暗自企圖、企圖以他人的死亡，或各種各樣屬於人間的離別，來告慰自己無可抗拒、流沙般的渺小無助，順帶引誡自己對這個世界，任何一種自以為能扭轉一切的狂傲。

直到自己死亡那一刻才發現，這些屬於人間的，依然難以割捨釋然。

或許在人間的所有告別，都是為了學習離開那一刻，該如何說再見。

與愛情的離合

我身邊有兩對情侶。一對從國二看到大二，就算上了大學以後，分隔高雄金門，也一直很幸福。另一對從高中開始就是班對，雖然讀不同的大學，依然經常互相去對方的學校跟彼此見面，到現在還在一起。

我知道，他們一定歷經很多彼此遷就和犧牲。很佩服他們。

我也曾經感受過和他們一樣的幸福、遷就和犧牲。青春時傻傻地不知道一輩子有多長，就給了一輩子的承諾。傻傻地不知道人生會遇到多少的艱難，就拉著一個人一起走。到了心中有了許多異想天開的夢的時候，兩人世界就有了分岔，一直到真正分開。

告別後才慢慢悔過，假設過很多能重新再來的「如果有如果」，最後也只能「可惜沒如果」。

有句話說，我們這一生，會一見鍾情很多人，兩情相悅一些人，白頭偕老一個人。我們每經過一個人都是一次告別。

而告別是當下，領悟是後來。

練習告別，就是體驗人生

母親的辭世，是我人生最苦痛的告別。

一個臥病在床十四年的母親、病人、家人，都因為十四年這個數字，變得嚴肅了起來。我們的關係會生變，感情會質變，親情也會質變，尤其是當我正要事業衝刺的人生，遇見了臥病在床的母親，日日夜夜地拉扯與糾葛，竟成為日常。

告別的前夕，你都知道那一天會來臨，卻刻意不想面對，不想面對這傷痛，不想面對這一生都不想面對的事，直到那一天來臨。

很不捨，五十九歲的母親受盡了折磨。

有時告別是美好的、難忘的，有時是無奈的、被逼的。

中華職棒張泰山的故事，或許可以給大家一些啟發。

泰山目前保持中職多項紀錄，這些紀錄，在他之前沒有出現，以後或許也很難被突破，包含全壘打支數、最年輕達成百轟百盜千安紀錄保持者等等。如果他的職棒生涯能夠有一個好好的告別，不要說等同於陳金鋒的尊榮，至少一個儀式，都會是他畫下棒球生涯句點的完美結局。

結果沒有。

就這樣離開了統一獅，發生什麼事我不知道，換作是我，一定也是非常遺憾，帶著遺憾到了日本、澳洲棒球界，反而放手一搏打出佳績。他的人生注定意外與驚喜連連，沒想到在澳職最後一年的最後一場比賽中，打出再見滿貫砲，你說，有甚麼樣的告別，比這個再見逆轉滿貫砲更值得令人回憶的？

我有時都覺得，越是在乎一些紀錄、里程碑，越是被這些無謂的數字枷鎖給綑綁，而陷入自我折磨的深淵，在我看來，張泰山的人生，一定還有更驚喜的事情等著他去享受、期待。

無論是完美的告別，抑或是用遺憾告別，天下沒有不散的宴席，珍惜當下，或許才是你我在告別背後需要學習的事。

練習告別，就是體驗人生。

因為健康，三分球與揮棒，持續交響

那是我第一次，替老爸到醫院拿藥。

走進醫院的門診大樓，空氣裡瀰漫著一股味道，你懂的，就是醫院常有的那種味兒，我將它取名為「人的脆弱」並不為過。面對傷病，人們都是脆弱且不堪一擊的，對吧？

快步穿越長廊，迎面走來幾個陌生人，我暗自打量著他們身上的傷，有些吊著點滴，我想他們應該正從病房出來透透氣吧；有些則打著石膏、吊著三角巾，我猜，和我高一那年受的傷，可能很像。

輪椅枴杖、老人小孩，當是醫院裡的常態，不過當下的我，真的很久沒遭受到這種衝擊了。那是一種深知生命有始有終的必然，也是無可扭轉的無奈。

他們身上，有些傷痕是純屬意外，就和職業運動員常遇到的一樣，不管再怎麼刻苦訓練，終究躲不掉的，那種一般人所說的「命運作弄」；但有些傷病，是一種很深刻的無奈，那是歲月給人累積的，無可抵擋的脆弱、一種我還沒經歷，只能臆測周遭人的經驗，得知的脆弱。

他們的身上滿是傷痕痛病，可能是因為年輕，擋不住的衝勁；可能是誤觸了菸酒之癮；可能是為工作拚上小命。

就和我的老爸一樣。那是選擇，是人生累積下來的選擇，是我們選擇踏上，就再也回不了頭的旅程。所以才說是無奈呀。沒有如果，只有結果。

幸好老爸已戒了菸，也在醫生告誡後，滴酒不沾，這些「懸崖勒馬」的經歷，已經在你我眼前留下了馬蹄印，那個馬蹄印告訴我們，別再依循它往前了。

就因為有前車之鑑，所以我一直告訴自己，只有健康，路才長，才能在人生中體驗更多的歡笑淚水、體會更多感動。因此，我很少像身邊其他的大學生一樣，熬夜熬到不成人形、喝酒喝到掛。

介紹一下我的生活。它還算規律。

從小，幾乎沒為了讀書熬過幾個夜。印象中，自己只為了三件事，曾經熬夜超過三點鐘，或通宵整晚：一是看球賽、二是陪情人聊天、三是唯一那次失戀。十八歲前沒碰過菸，未來也不會想碰；偶爾因為歡愉或失意而微醺，但都能控制得當。我記得，除了高一那年，幾次因為手傷而進過醫院，幾乎很少生病，或許是因為有運動的習慣，也可能是規律施打疫苗使然。

我不確定為何那天，老爸要找我陪他出門領藥。往常這項工作，應該是我那不會

老的老媽要做的。不過進去醫院後，感受到那股氣味、看到那些罹患大小疾病的人，再看看老爸，我懂了。★

我們不只是在這本書的文字中感受並互相了解彼此，感知三十年間的差異。而是

爸爸的話

我媽過世後，我會帶孩子回去看看我爸。有時候，孩子在進門的第一時間沒有叫聲「阿公」，或是聚餐的場合中，只和外婆熱情互動，多少讓我爸有些耿耿於懷。我從沒對孩子提起過，不想增加他們的心理壓力。在較疏離的狀況下，強迫他們見到阿公要有親暱舉動，的確是強人所難。

我也沒勸我爸別在意，過去照顧我媽是他生活的重心，我可以想像現在他想多接近孫子的心情。

我很希望孩子能多體諒阿公，也體諒一下我這個爸爸，希望易霖能發揮兼容並蓄的精神，見到阿公時，都能跟阿公說說話。

全家人一起吃飯時，也盡量別低著頭滑手機，而是能夠珍惜家人相處的時刻，用眼觀察用耳傾聽，兼顧家人間的情感與需求。

一個成熟的成年人，不應該將自己看得太重，世界從來不是繞著某個人運轉，每個相遇的人之間總是互相牽引、互相關聯的。以後出了社會，跟老闆吃飯時，即使不喜歡，也要有合宜的應對。

這不是要你世俗化，而是希望你慢慢學習、體會，等有一天你終於領會了，或許會想起爸爸曾經提醒過你的這些事。

切切實實地從生活中體驗。

拿著老爸的藥包，走出門診大樓，還心有餘悸。

願這顆三分球，因健康而持續與籃框交響；願那記揮棒，因健康而高遠飛翔。

醫院，是墳場，更是戰場

易霖八個月大就住院了，你大概不記得了吧？而我們卻永生難忘。一九九八年流行腸病毒，而且還是大流行，你也中了。

天真活潑的你，一下子病懨懨地躺在兒童醫院的病床上，醫護人員若無其事地幫你打針，針筒不大卻很恐怖，針頭緩緩進入你的皮膚，媽媽的淚滴也緩緩地落下。

你媽媽大概不會為我落淚吧？但你在八個月的小小生命裡，就輕易掠奪了媽媽寶貴的眼淚。其實我也很擔心你，但我要安慰你媽跟你外婆，拚命講笑話是我的專長，心裡卻百感交集。

媽媽愛孩子，是天性，男人的堅強，也是天性。

外婆也哭了，明明就是一個很單純的住院，這就跟你小時候一個小感冒也要大費周章去醫院拿藥一樣地大驚小怪，我老了點才明白：這不是大驚小怪，這是愛。

你高一那年手臂骨折，我在高雄上課，媽媽怕我擔心，在電話那頭輕描淡寫地說：「易霖在學校骨折，你幾時會回來？」

我恨不得立刻飛奔回家。

沒多問骨折原因，你的包容，讓我打從心裡佩服你。明明是在學校受傷，明明是在糾察隊體能訓練時受傷，教官與老師，同班同學以及班導、糾察同袍都到醫院看你。教官一直跟媽媽說對不起，我看你一副事不關他，將所有責任一肩扛下，一副無所謂的樣子，一方面很心疼，二方面更是讚賞你的勇敢與大我。

事情已經發生，怪東怪西、發個牢騷總是人之常情，但你就像個男人似的，平靜地等待開刀。滿屋子都是人，你連讓他們道個歉的機會都不給，你真的超乎年紀地成熟。

教官與老師都送了禮，同學們帶消夜來陪你，離去時，教官握著我的手，似乎想說些什麼。我想：「兒子都不追究了，當老爸的就淡淡地微笑道謝就好。」

我好有面子，你好勇敢。

醫院裡的世界

我從二十二歲開始跑醫院，跑了十四年，直到你阿嬤過世，這十四年的煎熬，我想我一輩子都不會忘，但又怎麼能避免去這地方呢？

我因為從事講師事業，近四年，許多醫生跟你老爸學習演講技術，醫院的故事我也聽多了，但並不代表我可以釋懷自若。我也不想跑醫院，但更希望自己身體健康，所以，每次去醫院我都想成是新車五千公里進廠保養，這樣就釋懷多了。

有次醫院回診，看見Lamigo球員陽耀勳也在就診，順手查了一下賽程，當天Lamigo在桃園有球賽，回家看重播才知道，陽耀勳在第一局就被觸身球擊中手掌，立刻被救護車送到醫院，這就是球員的宿命，「沒有球員不受傷，沒有奮鬥無代價。」—

身體健康就像你擁有的籌碼，每個人要在籌碼用完之前，打出一場最好的賽局，棒球員九局，籃球員四十八分鐘，道理是一樣的。

開刀，或許是你身上一枚偉大的動章，它象徵你認真活過；百分之百追求安全的結果，或許就是一事無成吧。

醫院，人生取捨的最終戰場，像球場，也像墳場。

學習決策與溝通：NBA與LOL

接下來要說的故事，是關於兩項我最喜愛的運動：籃球，和電玩競賽。

NBA與LOL

二〇一二年是特別的一年。

擁有台灣血統的林書豪，在當時積弱乏振的紐約尼克隊，受到了總教頭Mike D’Antoni「不得不用你」的青睞，在大蘋果紐約城大放異彩。在那之後，眾多華人球迷因林書豪而瘋狂，不論男女老幼叔伯阿姨都被他吸引，加入了NBA的世界。

同年十月，英雄聯盟（LOL）職業電競戰隊，台北暗殺星（TPA），在冠軍戰中擊敗韓國代表隊，為台灣奪得世界冠軍。他們和林書豪一樣，也吸引了許多台灣的年輕人，踏上了英雄聯盟的旅程。

這兩項運動帶來的光環，都讓台灣人不明所以地沾上光采，也揚起了一陣名為「夢想」的塵土。

NBA、英雄聯盟與我

國二的時候，我進入了NBA和LOL的世界，國三是最猖狂的一段。當時因為選擇直升不必考基測，上學時白天最期待的，就是偷偷在上課時間看NBA轉播；放學後最嚮往的，則是和三五同學相約，回家排隊打LOL。★

就算沒約到同學也會自己打遊戲，就像獨自到公園「報隊」打街頭籃球一樣，和一群不熟識的人一起玩一樣很爽。

和陌生朋友組隊打球時，我屬於比較安靜的人，通常要多打個幾場，才會開始有言語上的交流；但電競則不同了，有些對陌生朋友難以啟齒的話，或是需要溝通的團隊戰術，只要轉變為打字交流的形式，就變得方便表達。

和陌生人打遊戲，遇到「carry全場」的隊友，和在球場遇到神隊友一樣，會投以欽佩的眼光；若是遇到「雷隊友」，則是難免一肚子火，甚至有可能破口大罵。

至於和我可愛的同學們一起玩，那可不一樣了。

當時搭上TPA奪冠的風潮，班上十多位同學一起創立了戰隊，活像是有十二人輪替的籃球隊一樣，只要有五個人上線，就會相約去找其他戰隊切磋，不論結果如何，隔天到教室都會激動討論昨晚哪裡做得不好、可以改進，偶爾還會嘖嘖無傷大雅的垃圾話。偶爾人數夠了，我們還會進行內部切磋，增進實力。

現在想想是還滿自爽的啦。

爸爸的話

從小學業表現優異的易霖，中學是念教學及課業都比較嚴格的私校，我們希望他的學業能因此成長，而他也同意。

別以為他會因為有學業壓力而戒掉電腦遊戲，他不僅照玩不誤，而且變本加厲。我感覺他似乎不怎麼K書，只要每天不斷地打電動，就可以有好成績。這讓我常常忍不住酸他：「你好像是吃電動長大的，可以不用吃飯，只要打電動就可以活下來。」到了高中生涯，電動也沒有退席，甚至在準備學測的日子裡，他仍然照打不誤。

事實上，我知道他在學校上課很認真也很投入，課後還會跟老師互動。可能是他念書有天分，再加上數學成績非常好，參加過很多全國性、亞洲地區及奧林匹克數學競賽，一直到他自己覺得夠了，才停止參賽。

易霖向來知道自己要什麼，不要什麼，他會選擇喜歡的社團，學習想學的東西，凡是他不想學的，我也從不勉強他。我的任務就是扮演他的強力後盾，提供他衝鋒陷陣所需的彈藥及資源，讓他適情適性地自由發展。

勝利這回事

LOL的勝利目標是攻下敵方主堡，球賽的勝利目標則是不斷將球投進籃框，取得分數。同理，在防守端就要阻擋對方做一樣的事。

為了達成目標，彼此熟悉的團隊會設定戰術：單刀切入、包夾或多人小組配合；為了不讓對手達成目標，做好防守和溝通也是必須。

LOL入門時，即使遊戲指導告訴我，攻下主堡是主要目標，還是常會為了擊殺敵人，而失心瘋地亂衝一通，或是不和隊友配合突襲，只自顧自地打。和籃球很像，比賽時即使知道「將球放進籃框」才是得分的方式，偶爾還是會為了自己愛現的慾望，做一些高難度的花式動作表演。

隨著時間推移，LOL打得久、NBA也越看越多後，才漸漸發現，單打獨鬥固然是件很爽的事，但當你所在的團隊因為優異的溝通配合而勝利時，那樣的滿足感更大。

如果自己擊殺對手的可能性是百分之八十，但你的隊友是百分之九十七，那麼學會在一瞬間的判斷後，轉換成助攻者的角色，也是很棒的進步方式，也必定會讓團隊配合更高效。

只是不管在球場，或是電競中，這些判斷和決策需要一場又一場的經驗累積，才能讓你更清楚，怎樣的判斷是最準確的。

不得不說，比起讀書我的確比較愛籃球和電動。中學時，真的是能打球就打球，從籃下、中距離到三分線，穿梭來去；同樣，能打電動就打電動，甚麼電動都打、從RPG冒險、策略打到射擊遊戲皆有涉獵。

電競能訓練瞬間做決策的能力，也和籃球一樣，倚賴團隊溝通配合，何嘗不是項好運動？至於未來有沒有機會，看見一群「宅男宅女」在奧運打電競呢？指日可待。

學習觀察與理解：我從電玩與NBA上的學習

老婆常對我說：「麵包與愛情，都比不上棒球。」

是啊，我看起球賽就是如此，不只是我，男人都差不多吧？

這是一件女人永遠不理解的事，就像男人永遠不理解：女人為何花這麼多時間逛街一樣。

生了孩子之後，報應都回到我身上，尤其他們小五以後。

老婆很關心他們的學業，我只關心他們的眼睛與態度。

自己視力不好，很擔心孩子的視力也不好，偏偏兄弟從小都愛看電視，愛打電玩，尤其是小狼。

我從不知道一個即將要大學學測的高中生，每天竟然花這麼多時間打電玩，而且還可以上台大，為什麼自己什麼也不玩，也考得不是很好？

身為父親就是如此，總希望為他們好，但標準是自己訂的，聽我的才對的，孩子懂個屁。小狼念小五時就跟我說：「你不給我打電動，我會沒朋友。」

「屁啦，我不打，朋友還不是一大堆。」

於是，我們的衝突都在晚上，一個擔心孩子視力的父親，每天面對不想離線的兒子，老大打電動，弟弟跟著打；哥哥打籃球，弟弟也跟著打。父母跟孩子的關係就像走在高空繩索上，隨時都有墜落的風險。

後來我深刻體會到，最好的管教是：「參與他們的世界，還有陪伴」，現在想起來，以前生這麼多的氣，也是自己造成的，孩子缺乏陪伴和參與，電玩與籃球成為他們的父母，或許這樣的安排，促使了我，在此時此刻才猛然發覺，原來我也是當了爸爸之後，才學會如何當爸爸，而且會先從一個很差的爸爸開始當起。

你問我，我在他們的籃球與電玩嗜好上學到了什麼？

我會說：「觀察與理解，對孩子的觀察，對生命的理解。」

我不敢說我對電玩有多包容，但我發現小狼的聰明才智與電玩有關，領導天賦與籃球息息相關。

你聽，是世代交替的聲音

畢業兩年了。

二〇一六年六月八日，我代表全體復旦中學的畢業生上台，向校長敬禮致意，並接下畢業證書，記錄下屬於我們，一千多位畢業生的中學生涯輝煌的一刻。

當時心中的感覺，就像在六年的生涯中，獲得了MVP的獎項。很想大聲說些什麼，表達感動和感謝，但當時的這項任務，給了一位更有文采、且聲音更好聽的同學。

當他的感謝詞念到一半時，我想大概有不少在場的同學，都眼眶泛淚，甚至有的開始感動啜泣，不過更能表達我當時心情的，只有「激昂」二字。

「終於畢業了，我終於、畢業了。」我心想。★

那感覺很不可思議。就像一位NBA球員的職業生涯，快要走到了終點，一路上，受到很多人的幫助和扶持才得以走到今日，一切都得來不易，所以才有點不捨。

那一個當下代表的，不只學生身分的退役，連「糾察隊長」的光環，也在那一瞬間離開了。我知道，儘管再不捨，學校裡的很多事終究得放下；我知道，那些放不下的，早該交給更年輕的學弟妹們放手去做了。

改變，絕對是從「被看衰」開始

二〇一五年，在金州勇士隊奪冠之前，有不少老一輩的NBA退休球星，紛紛在公開的轉播平台上，表達對該球隊的看衰。當時大部分的「老人」們都認為，這群興起的「跳投大隊」，靠三分球是無法拿下NBA總冠軍的。

就像某些對我們這世代貼標籤的人一樣，他們其實從沒有好好地了解我們，只是大聲嚷嚷著「一代不如一代」。

爸爸的話

我很少看到易霖在K書，倒是常見他不停地玩電動。儘管如此，他在眾人的期盼下，以71級分考上了五個台大志願，甚至因此躍上了媒體版面，我心裡當然非常開心。

我和老婆陪著他參與所有科系的面試，一路過關斬將，最後他選擇了台大工商管理系的科技管理組。

不過，我心裡也一直有個聲音清楚地告訴我，學歷越漂亮，往往未來在工作的選擇上就越少。當大家知道你是台大畢業的，容易讓人放不下身段來做些與學歷不相匹配的工作。

例如有雞排博士，就因為以名校博士肄業的高學歷去賣雞排，而被批評為浪費教育資源。

所以，我說這既是好事，也可能是壞事，端看你從哪個面向來思考。

後來三年，勇士隊的發展和成就，不僅直接狠狠地打臉了當時的看衰者，更是間接地改變了整個NBA世代的奪冠方程式。從那之後，三分球逐漸成為聯盟主流，球場的運作空間逐漸擴大，才讓那些人紛紛改口說道：「現在的金州勇士是歷史級別的強隊，Stephen Curry是改變一個世代的球星。」

是啊，總要有個像Stephen Curry一樣具指標性的人跳出來，狠狠地做出成績，讓時代起了劇變，那些人才肯改口說：「咦！現在也是個不錯的世代嘛！」

追劇也有同樣的心情，尤其是「終極系列」。

眼看著一齣系列劇，從480P走到1080P、從日系走向韓系、從培養這個男團到另一個男團，一轉眼，我也從八歲長大到了十八歲。

卡通、戲劇，和籃球都一樣，因應新的世代降臨，內容物會漸漸有了轉變。一開始的陣痛期會讓人難以接受，只是因為我們都正在長大、正在接受這些娛樂休閒以外，新的、更廣闊無邊的世界。也因為如此，我們的童心正在慢慢離開，對於一些卡通或戲劇的內容，再也不能「欣然接受」了。

我們沒能接納新的童心，我們長大了。

但我依然很享受「接納新潮流」的過程，包括偶爾追劇、看看卡通，保留一點我的「赤子之心」，保留一點身為人可以擁有的天馬行空。

同時，我曾經的「糾察隊長」光環，也漸漸讓我學習，如何在我新的身分之下，去幫助現在十六、十七歲的學弟妹們。因此，我偶爾會回校分享經驗，並且用我在大學所學、所想、所經歷的，盡可能地去幫助他們長大，讓他們進步。

即使每次回去，要交替的世代越離越遠，三年、五年、八年，甚至十年，我都會繼續傳承下去。

年輕人要站起來

今天收到統一獅隊的外野手劉芙豪（小破）給我的私訊，他想要出書，請我引薦出版社。

對我而言，這是一件簡單不過的事，我知道那種自己想出書，卻苦無管道的苦，但就只是一個傳話，就讓雙方互蒙其利，我也得到兩邊的尊重，無論有沒有成，我都很樂意幫忙。

大家或許會問：球員為何想出書？

小破要退休了，統一獅外野擠滿了人。

不只是統一獅迷，所有中職球迷應該都知道小破破壞王的地位，雖然戰功可能不如恰恰、鋒哥，但每一位在球場上奮戰的球員都值得尊敬，尤其我看統一看了近三十年。

職業球員的生涯短暫，不到四十歲，幾乎全部都得脫下球衣，有規劃的、被迫規劃的，最終都要走上這一條路，小破算是好的。

能規劃的，都是算好的。

除了體能狀態不如年輕人以外，在運動領域，或者說是泛明星產業，臉蛋身材、態度品牌、技術水準同等重要。

球員自己也要有自知之明，當我在說別人的時候，同時也在提醒自己。

中職有很好的球員培育系統，有至少比沒有好，而我在二〇一六年職業講師退休之後，也想要多幫忙年輕人在演講技術、教學技巧、簡報技能上更上一層樓。我很不想用「接班人、徒弟」這類的字眼來形容他們，他們終究不會是我，我就只是單純想要把這些我會的技術教給他們，讓他們有更多的職場能力，甚至有更高的影響力。

而這些技術，我不敢說我有多厲害，就是隨緣而已，一路走來幾年，也有很多人願意跟著我學習，或許我也有做不好的地方，讓一些失望者離去。

記住初衷就好，就像職棒球員一開始，都是喜歡打棒球的小朋友一樣，保持初衷就好，這條路能走多久，我不介意，我只在乎我有多努力。

年輕人站起來，台灣才會站起來，我更希望我有生之年，能看到台灣棒球在亞洲殿堂奪冠，更期待我的學生，每個都比我更厲害。

沒有一段路會白白走過

「你們的人生，沒有一段路會白白走過。」

我經常回到母校，對正在經歷「考試地獄」的學弟妹們這樣勉勵。

對高中生而言，那是屬於他們的現在。

大部分的人對未來沒有清晰的思量，只知道自己被迫通過一關又一關的考試，將他們分發至還算理想的大學，然後繼續走下一段人生的漫漫長路。

而我已經走過那一段他們所謂的地獄。從現在的日子回頭一看，才發現當初認為的地獄，根本不算什麼。

下一段旅途

因為生活已經越來越艱難、越來越複雜，迷惘也不會因為長了幾歲就不見。也是因為這樣的艱難、複雜和迷惘，才知道現在這個我，不是白白得來的，而且當初陪著我一起走過的同學、朋友、家人，也成了我人生的一部分。

就算有些人已經不在身邊。

就像經歷重大傷痛的籃球員，回憶破繭重生的遭遇，才知自己有多愛籃球。他們沒法跳過繁瑣惱人的復健過程，就像我們不可能跳過艱難的考試；他們不可能閃躲日以繼夜的訓練，只妄想變強，就像不讀書不可能妄想考到好成績一樣。

即使是天選之人，如LeBron James，擁有超人般的身體素質和天賦，依然精準且自律地控管每日的生活，從訓練到飲食、從保養到休閒。這些訓練的時光，是沒有觀眾、沒有鎂光燈、沒有鏡頭的，正是因為那些獨自努力奮鬥的時光，成就了他們的偉大。

但你或許會想：「他們喜歡籃球，但我不喜歡讀書啊！」

沒錯，那些職業球星，為了他們喜愛的運動而辛勤訓練，莘莘學子們卻是為了未知的未來而苦讀，好像有點不太一樣，對吧？而且球星的薪水也高、生活優渥，幾乎沒有經濟的壓力。而卻有不少出身貧寒的學子，是為了未來安穩溫飽的生活在奮鬥。

講得簡單些，職業球員的高薪，換來的是高風險且短的職業生涯，更有些令人遺憾的例子，是在籃球場上失去了生命。

犧牲

憲哥賺這麼多，他犧牲的就是原本還能引吭高歌的嗓子、能讓他挺著身子的膝蓋和腰，還有與家人相處的細瑣日常；我當初為了衝動追夢的理想，也失去了深愛的人。一度也質疑過自己的決定，後悔過、也想放棄過，我想憲哥也是。不過這就是人生必經的取捨和得失吧！

不論如何，沒有一項工作是輕鬆且不付代價的。我想，為了那些受過的傷，也為了不要白白失去那些曾經重要的人，所以我們繼續擇善固執下去，在艱困的生活中找快樂、在忙碌擁擠中找優雅的日常。

我們可以很容易地瞻仰他人成功的豐碩果實，但卻不容易了解培養植栽的過程，日夜澆水、施肥，等待成長。

我們很容易夢想著成功，卻很難挺過通往成功的路，只要記得你有一個想到達的地方，所有的路都不會白走。

飛機在百分之九十五的時間裡，都是偏離航道飛行的。我們總會被亂流吹得忘記目的地，但請不要放棄飛行。

功不唐捐

小狼說得真好：「憲哥賺這麼多，他犧牲的就是原本還能引吭高歌的嗓子、能讓他挺著身子的膝蓋和腰，還有與家人相處的細瑣日常。」

不是嗎？人生沒有平衡，只有取捨。

但話說回來，每一個人生取捨的過程，都會有些選擇，而你選擇的道路，每一個努力的背影，最終將不會浪費，這也是佛家所言：「功不唐捐。」

如果我真的能唱，甚至可以謀生、成為巨星，或許我也不會選擇職業講師這條路。或許我的膝蓋與腰如今完好如初，或許我會成為職業運動員也說不定，但這些假設在當初，一定有個更強大的力量驅使著我，讓我成為今天的我。

這力量到底是什麼？

我在演講或是企業內部的講台上獲得更大的掌聲，比我去大魯閣打棒球，或是在KTV裡頭唱歌想成為歌手時的當下，獲得更大的成就感。

於是，我開始接觸這個領域，最後我雖然發現失去的很多，但獲得的更多，或許小狼用「憲哥賺這麼多」來形容我，但我更想說的是，無形的賺比有形的賺，多更多。

我想特別提一件事：我在大二，小狼這年紀所學的吉他。因為帶活動的關係，加上我的企圖心沒這麼強到想要當會長（雖然最後有三個會長身分），我還是比較喜歡帶活動。

當時團康很多人在帶，我特別去學了吉他。吉他輔以活動的技術，我習得了一輩子上台的關鍵技能：「面對群眾說話，而且可以很自然。」

現今用這能力不僅讓我衣食無虞，得以生存，更重要的是可以幫助更多的人：企業與個人。

我深信，老天爺給每個人一種謀生的技能，每個人都能活下來，打棒球也好，唱歌也好，寫作也好，講課也好，不要辜負自己人生的每個選擇，做好選擇就要全力以赴，方向正確，沒有任何一個努力是白費的。

就像我都希望每一位職業球員，尤其是投手，多學好一種球路，以便面對下一位更強的打者——擁有更怪異姿勢的打者。

Chapter 3

兩個世代
一起狂熱

追星，也可以活出自己！

活一個自己嚮往的生活

你就是一顆星星

和偶像一起長大

如果是和我年紀相仿的朋友，那麼你應該對「終極系列」電視劇不感陌生吧？

《終極一班》、《終極一家》、《終極三國》……

即使自己沒有看，身邊也可能會有不少朋友曾經關注過吧？

又或許你是憲哥那個年紀的朋友，您的兒子女兒也曾關注過它吧？

就拿《終極一班》這個系列來說好了。第一部在十三年前推出，中間推出許多續集，幾乎像電影一樣，到現在已是第五部了。

這系列裡面，幾個當初因終極而紅的演員，現在漸漸淡出，也逐漸有新血注入。

劇的呈現模式，也從電視固定時間播出，演變成網路劇的形式。

光是從這個系列的劇，就能看出時代的演變了。無所謂好壞，這本就是世界運轉的必然。

身為一個從小就追的終極迷，伴隨劇的內容，我和裡頭的偶像一起長大。小時候還會拿著掃地用具大聲嚷嚷，飆起戲中所謂的「戰力指數」。長大後儘管不再這麼做了，但還是很喜歡裡頭的故事，有許多屬於「異世界」的幻想，就像看動漫一樣，儘管內容與現實大相逕庭，卻是很多創意發想和生活的樂趣來源。

打破對追星的刻板印象吧

之前我帶一個路痴朋友，到一個她完全陌生的場館，看她超愛的男團演唱會。據她所說，這是兩年來他們第一次，來台灣舉辦演唱會。

她很期待。

一路上，聽她分享他們的故事，從幕前到幕後、從不紅到紅的經歷。雖然不完全對那個男團感興趣，就像她對我開的ＮＢＡ話題，也提不起興趣一樣。但我偶爾會向她點點頭，表示我懂那種感覺，一種追星的感覺。

一種「今天我終於要見到你們了」的感覺。

演唱會還沒開始，主場館周邊早就被攤販占滿。有賣吃的喝的，和男團的周邊商品。看她心情激動，從荷包裡掏出一張又一張鈔票，買下一包又一包周邊商品，我也只是淺淺地笑著默許，好像看見了一點自己。

第一次到紐約的NBA Store，我的眼睛發亮更甚，肢體動作絕對比她的浮誇。

正因為我有自己喜歡的歌手、樂團、影視明星、籃球員，才會在房裡貼滿了他們的海報、收集幾張專輯、買幾件新的球衣球鞋。這些全都是「追星精神」的具象化。

就拿對Stephen Curry的崇拜來說好了。

二〇一二年開始，追蹤他幾乎每一場球賽、每一段賽後訪問、聽他說的每一句話，再透過幾部影片，回顧他的成長故事。心裡暗自憧憬，想成為像他一樣好的人。

然後他長大了，我也長大了。

曾經在好幾個Curry的球衣、球鞋的櫃前躊躇，到底該不該花（爸媽的）錢滿足自己的欲望。因為只要穿上Curry的球衣、球鞋走上籃球場，就像給遊戲中的角色，穿上強化後的裝備一樣，總覺自己能力和信心大增。

有時也會穿著它們獨自做些其他的增強訓練，告訴自己要變得更強。

許多人常對「追星」有著錯誤的印象，不說別人，它就是我追求卓越的動力之一。

追星是一種對人生很遙遠卻很真實的期待。期待有一天，我們變得夠好夠強了，能走到那些偶像面前說：「我學習你的每一個投籃和防守動作，你的故事是我變強的動力，你面對生活的態度是我嚮往的，你是我想要成為的那種人。在我成為自己的路上，你是我的榜樣。」

不論追的是怎樣的星，近在眼前或遠於天邊，如果保持健康的心態追求卓越和一顆完整的心，何嘗不是件好事？

我們都在追逐某些東西的過程中，完整了自己的生命。

從追星，到被追，星途路上你和我

今天中午跟朋友在永和吃中飯，隨後到一家咖啡廳談談來年事業合作模式，隔壁幾桌的男男女女吵吵鬧鬧，但根本干擾不了十分專心的我們。

四點一到，隔壁一桌四位年輕女子離席兩位，隨後我跟朋友也預備離席，只見隔壁剩下的兩位女生，直接上前要求跟我合照。我有些意外，為何剛來時不說呢？不過對方非常積極且有禮貌，我怎麼好意思拒絕呢？

但這樣的場景，這一年來已經頻繁地出現在高鐵、捷運站、機場、餐廳等公共場所，經常且不定時地上演中。

我問：「妳們從哪裡認識我的？」

「YouTube 跟《人生準備40%就衝了》這本書！」

我跟朋友都笑了。

以前的我

沒多久以前，我都很積極想跟名人合照，無論主持各式節目、參加座談會與募款餐會、廣播電視受訪等名人出現的場合，從以前害羞不敢開口，到勇敢向前要求，心境的轉換，只在一念之間。

其實拍完照之後，他還是他，我還是我，我們之間的關係不會有任何改變。

有次職棒募款餐會，我很想跟王建民合影，其實他就坐在我旁邊不到三公尺處，無奈經紀人擋道，加上他已明白表示不合影，我嘴上說沒關係，其實是難掩失望之情的。

我相信這不是他的本意，但募款餐會上頭一百多人，如果每個人都上來要求合影，或許經紀人會很難處理，我都可以理解，但我失望的表情寫在臉上，Allen也看到了。

Allen 是我的合夥人，又是人脈達人，他問我：「憲哥，要不要我去跟他經紀人說一聲？」

「不用這麼麻煩啦，以後王建民會來跟我合照的。」我揶揄地說。

另一個例子也是如此。

擔任廣播節目主持人的關係，時常有機會訪問名人，我最想訪問的五月天，卻遲遲未出現在可能名單中，連接近都沒有。

一次新書推薦序邀約，一次電影上映邀約都無功而返，人生有很多緣分都是無法控制的，而且我深信「不用成為台灣之光，只要自己先發光。」

不過從上面的幾個例子，我有幾件事想跟大家說。

星途路上你和我

偶像、明星是我追尋的目標，從以前的玉女歌手，到張雨生、縱貫線、五月天、王建民、陳金鋒……，無論我有沒有辦法跟他們近距離接觸，其實我都或多或少受了他們不小的影響。

我追星嗎？

瘋狂的倒沒有，普通瘋狂的有一些，人不瘋狂就顯老了，不是嗎？

我想說的第一件事：自己的星途，自己闖，自己的舞台，自己創。

二〇一七下半年，幾位朋友希望透過自身的努力登上TED x Taipei的舞台，無奈全部事與願違。我跟憲福另一位創辦人王永福（福哥），決定打造一個屬於他們的舞台，讓大家有一個揮灑的空間，於是「STEP」這個專屬憲福學員的平台，便在二〇一八年初應運而生。

他們站在台上，我非常為他們感到驕傲，他們不也是朋友、師長、家人眼中的大明星嗎？

我想說的第二件事：做好自己，粉絲與光環自然而然找上你。

或許是媒體過度渲染，或許是自媒體意識高漲，「人人都想紅，卻人人都不紅」，各行各業中，要成為台灣之光、宅男女神、業界大神……，虛無飄渺的形容詞，終究仍需日日夜夜地努力。我倒是覺得在這時代「根本無需擔心懷才『不遇』，只要你確定你懷的是才就好」。

只需自己先發光，你才會成為台灣之光，沒有任何一位台灣之光，一開始是以這個頭銜當目標的。

追星、追劇……，許下一個目標吧，或許，你就是下一個被追的人。

成名在望之感

在望
我也只是
在忘

二〇一八年二月三日，氣溫八度，陰雨綿綿。老爸用一如往常的角色站在台上，一貫的嗓音熱情如火，點燃一場七百人共鳴的熱血，回憶起自己從前在台下「追星」的過往。

「從那個位置，走到舞台上，只需要十秒鐘。但我一走就是五年半。」

這讓我想起，自己也嚮往一個不算很清晰的舞台，當下我眼前這位演講者、這位父親的故事，正與我的生命交響。

我也追星，追得瘋狂。嚮往舞台的風光，也理解風光背後的一路塵土。有時參加偶像的演唱會，或是結束一場走心的電影，總會想把那樣的感觸寫成一段文字記錄下來，在Instagram上標記那些偶像，希望他們能看見自己對他們的感動，總會因為他們來按了幾個愛心，就開心得不得了。不過後來才知道，那些安放於自己心裡的感知，才是切實珍貴的。

老爸常說，參加幾百場演講都不會讓你變好，只有把那樣的感觸變成自己的東西，用心過好自己的生活，才可能真正進步。

我也常在回母校分享時，和學弟妹們這麼說：「反正我講完後，大部分的人一定在回家後就忘記學長講了什麼，畢竟我還不是什麼咖嘛。」

「但如果你對我說的、做的，有一點共鳴，拜託，請自己去做點什麼，這樣我才不枉來此一趟。」

寫這本書的心情也是一樣的。

我真的不是什麼咖，還是平凡學子，很單純地嚮往成名，只憑著十多萬字的專欄累積，再搭上憲哥的便車，而有這次的機會抒寫自己的故事。沒法給什麼人什麼成功之道，也沒法對什麼人訴說什麼美麗的人生道理，畢竟我才二十歲啊。

我只是很單純地寫下自己的所見、所聽、所想。如果你讀著它們，看見了二十歲自己的模樣，進而繼續走好自己的人生，那麼我很高興自己能成為你生命一瞬的過客。

如果你是追逐在我後面的人，因為這本書而預見了未來可能有的荊棘，也請你繼續走好。

希望我的故事能讓你避開一點點流血的可能。其實，也不希望。有些荊棘還是得自己扎過痛過流血過。

但至少我們都還擁有一些犯錯的額度。

我也還在找尋一個舞台、找一件能自我陶醉的事努力著，也正在追逐我欣賞的所謂偶像。會有那麼一天，當我站上了屬於自己的舞台、開始成為有影響力的人，我要告訴那些我曾經盼望的星星，是你們給我的力量讓我走到這裡，是你們的成就和背後的沙土激勵了我，成為我的一部分，也伴我成長。」

五月天的〈成名在望〉這麼唱：

那一年的舞台，沒掌聲沒聚光。
只有盆地邊緣，不認輸的倔強。

成名在望的舞台

二〇一六年六月八日，很難忘記這一天。

隔天雖然全家要飛往荷比盧，度過我們家最長時間的一次國外旅行，但在前一天，是你高中的畢業典禮，而且是你代表全校畢業生，上台領取畢業證書，你那英挺的敬禮，加上一個酷酷的迴旋轉身，我相信羨煞不少人，當然也包含你爸。

當司儀念出你名字時，我全身起雞皮疙瘩，你緩緩走上台，空氣彷彿凝結，全場靜默，你大聲喊出：「全體畢業生起立，立正，敬禮。」那一刻，彷彿等待五月天出場前的最後一首暖場歌曲，倒數計時的聲音清晰而宏亮，空氣凝結而漫長。

又好像九局下半兩人出局，敵方攻占滿壘，救援王面對對方強打者，球數兩好三壞，我方只領先三分，為了不被逆轉，救援投手使出渾身解數，一球一球慢慢投，大粒汗小粒汗地投，那種感覺也是空氣凝結，全場屏氣凝神，一個不小心，氣勢極有可能逆轉。

所謂成名在望的舞台，大概就是長這樣吧？

我常想一件事，要如何能夠在全校師長與畢業生面前，上台領取畢業證書？最帥或最美？功課最好？考上台大？最為聽話？我相信以上條件，或許你都有，但我相信一定還有比你條件更好的同學，為何不是他人，而是你？

或許正如你說的，你是糾察隊隊長，加上前述的條件，你就是獨一無二的，難就是難在你要有這些條件，而且還能有糾察隊隊長的榮銜，更能顧及人際關係，我想這就是你可以登上成名在望舞台的原因吧？

換作青少年時期的我，說不羨慕是騙人的，我的確很崇拜你，然而你也好像很欣賞我，我們的舞台，不一樣，卻很一致。

從小到大，你就是各式數學獎項的常客，大舞台看多了，也不太會緊張，我總覺得用平常心面對人生的每個挑戰，是你跟我人生的功課，我到現在自己也還在學習。

而我的舞台都在講台，要不就是年輕時的歌唱舞台，但隨著年歲漸長，我可以很確定，我人生下半場的舞台，應該就在演講台了，這或許就是五十知天命的真實意義吧？

在演講台面對群眾，我有一種說不出的從容，人越多，我越從容，我的字典裡沒有緊張二字，要說是真的緊張，應該只有年輕時一對一面對喜歡的女生吧？

我很希望小狼，能夠有緣找到讓你舒坦、自在的舞台，展現你獨一無二的光芒，任由你的才能，讓更多人瘋狂，知福惜福、懂得感恩，你就會在舞台上，更久更長。

球季是看待生活的儀式

NBA的球季，已是我面對一切艱苦時，富足心靈的一種儀式了。

一年一個賽季

如果將每一個NBA的球季，比喻我人生的每一年，那麼大二這年該算是我人生的「第二十個賽季」。

我的第十九個賽季末，隨著NBA高張力、高熱度的季後賽，我寫了二十來篇的專欄，某種程度算是扭轉了自己的人生吧！

休賽季，轉捩點

升上大二前的那個「休賽季」，絕對是我度過最艱難的一個暑假了，我差點把自己「交易」給了惡魔。★

NBA休賽季，交易開始那天，她提出了和我分開的理由。

我永遠不會忘記那天，大半夜不知所措地匆忙出門、匆忙為自己已經「負分」的悠遊卡儲值、匆忙騎著Ubike到了她家門口。匆忙地想解釋什麼，卻無言以對。

後來我才知道，愛需要時間堆積，不愛也是。

十九個賽季以來，很少喝酒。但那天回到家後，還是反常地灌了自己三大罐啤酒，才勉強睡去。因為完全不敢憑著自己的意志閉上眼睛，我知道一閉上，眼淚就會潰堤。

即使我平常幾乎不哭，但那次真的徹底擊潰我了。

我的第十九個夏天是這麼開始的，用了好幾年換一兩天傷悲，好像某種程度把自己「砍掉重練」。

但其實啊，生命中還是有許多事情沒變，例如我的家人、我的好朋友們，還有依然喜愛籃球、音樂的那一個我。只是當下自己沒意識到，誤以為自己真的死了。

每個成長都是一瞬間的領悟，卻需要一輩子去體驗每一課成長的意義。

現在我知道，用一張臉去養一身傷，這樣的修練不太值得，但痛過幾次也該學會了。

人說心如刀割、鑽石要琢磨。
感謝那些人擦過刮過，幫我苦難修成正果。
——李榮浩〈不說〉（詞：黃偉文）

爸爸的話

易霖在大一結束後告訴我：「我想休學！」

第一時間我心想：發生了什麼事？

我對他說：「不想念書，可以，但接下來你想做什麼？」

他說創業，從事與運動相關的事業。「創業」是關鍵字，我開始跟他聊。

雖然我老婆絕不會同意，但這時候我不能潑他冷水！我說：「既然想創業，那先去當兵，回來後再創業。你要多少創業金？我可以資助你五十萬。」

他真的買了一些簡單的設備，我好整以暇地旁觀以待。為什麼我不緊張？因為我知道他還沒準備好，他腦中的想法不過是年輕人的憧憬，一旦發現苦海無涯，就會「回頭是岸」。

他不想念大學，想創業，我會順水推舟地說：「沒問題，我支持你！」內心知道這件事情不可能成功。他沒思考過創業後的經營模式，更沒想到未來是否真能養活自己。

在促膝長談中，他難過得掉下眼淚，我也終於知道，他想休學的原因是情感上遭遇挫折。

於是，他回到學業的常軌。人不輕狂枉少年，若沒經歷這些，怎麼能叫年輕呢？在他身上，我看見自己過去青春的身影。

開學，賽季開始

我的第二十個球季正式開始。離開了學校宿舍的環境，和朋友到外頭租屋。經常向別人故作謙虛地解釋，是要「練習撐起一個家的感覺」，但其實是騙人的。當時單純只是覺得住在外頭比較自由，生活可能比較有趣一些，然而實際上，外宿生活依然有不少挑戰需要應對。

除了適應外宿的大小狀況以外，我依然致力專欄寫作，也修了許多不錯的課，離開她以後我盡力充實、盡力適應，也算是無愧自己。

如果將NBA賽季的「全明星週末」當成上、下半球季的分水嶺，我的上半球季除了適應生活以外，還算是盡力精彩。畢竟被暑假那一股逼迫我成長的力量，丟到一個我近乎陌生的世界裡遊蕩，是有些沉重無力的。

不過因為是和好朋友一起外宿，有許多在夜裡難以排解的孤寂，都在那樣的環境中得到救贖。

調適，全明星週

NBA的全明星週末，同時是華人的年節。球員們即使有許多上半球季難以紓解的壓力，都得以在這段時間內調適。而我，除了開始寫這本書以外，也在這段時間和家人去了很多地方遊覽，在許多寒冷的天裡，窩在沙發上滑手機、看電影，「耍廢」成了日常，同時驚覺到自己的大學生涯過了八分之三。

「天啊！我還能這樣耍廢下去嗎？」即使在「全明星週」，依然有完美主義的矛盾作祟煩擾著，多麼微不足道的煩惱。

不過我總告訴自己：「你的球季還長，適度休息完，繼續打下去吧！」

突然想起了二〇一七年的邁阿密熱火隊。他們在一個球季八十二場球的前面一半，只取得了十一勝三十敗的頹靡戰績，但在賽季結束時，他們的戰績是四十一勝四十一敗，差點就搶下了最後一個季後賽門票。

儘管聯盟有許多現實的狀況，不斷地擊潰某些球隊的拚鬥精神，讓他們不得不擺爛認輸，以取得下個賽季的高順位選秀權，準備將球隊打掉重練。像生活，有許多無可奈何的壓力叫我們低頭，不過我總以那些NBA賽場上的巨星為榜樣時刻告誡自己，要訓練自己的心智，壓力是必須服下的藥。

下半球季，追夢

我的下半球季，是更大的挑戰。

接下了台大桃友之夜總召的責任、在春假時規劃美國自由行帶老爸圓夢、再次搬宿並且一個人住。

第十九個夏天以後，一直被半逼迫著長大，以至於我真的以為自己長得夠大了。世界極速擴張，自己越縮越小，小到經常在很多與死線和理智線奮鬥的夜裡，慌亂挑選生活的步調，偶爾也會被思念擊倒。

暗自以為只要拖到時間到點那一刻前完成許多事，就可以成為投進buzzer-beater的大英雄，橫豎躺在球場地板，被隊友們拍打著胸膛。但實際上的人生卻不是如此，同時有五個倒數計時器在跑，理智線可能在你決定投球那一刻之前就斷線了。

一直很努力地拿回自己時間的控制權，很努力地控制脾氣，卻有很多想要逃避接獲傳球的瞬間。當責任化成爆炸量的訊息劈頭襲來，實在讓人很想逃離當下那團空氣，到一個什麼都沒有的地方睡著。

後來我才發現，這樣的過程總能讓我面對自己最陰沉的一面，並且用那樣的「負能量」逼出那個不願意認輸的自己。

上下半球季的交界，換了住處，又要適應新的環境。讓我成為了生活的鬥士。★與艱困生活對抗之際，籃球是映照我的陽光，文字治癒我的陰沉，通常是。每個人在每一個球季都有不同的困難需要面臨，也有許多的夢想要完成。

爸爸的話

為了解孩子租屋安全，我和老婆去看他的住處。那像陽台外推出來的空間，環境不好，月租八千。

其實可以多付些租金，讓他找個較好的地方。但是我告訴自己，若能在那樣的房間過得怡然自得，未來沒什麼能難倒他。於是我對老婆說：「走吧！既然是他自己挑的，就讓他住吧！」

離開之後，心裡還是捨不得，我甚至跟老婆商量，以後是否要在台北買一間房子給孩子住。雖然這麼想，但我覺得當父母的，在關鍵時刻要忍住這種捨不得，讓孩子自己去闖一闖，嚐到酸甜苦辣。

教育孩子，真的好難，必須不斷和自己對抗。窮到沒有錢負擔就罷了，即使付得起，也要忍住想「給」的衝動。好比公司主管，面對屬下的問題，直接給答案最容易，然而讓他自己去試、去碰撞、去跌倒，他才能真正學到經驗。

或許是我當主管久了，偶爾能跳脫爸爸的角色，用比較理性客觀的態度來面對孩子。養兒方知父母恩，只有生過、養過、教育過小孩，才知道當爸媽的不容易，也才更加理解和體諒自己的父母。

盼你與我生命擦肩而過的瞬間，這些與籃球相關的文字，能在你的生命中留下些什麼。

人生快速球

看球不只是看球，有時一個不經意的舉動，會讓你在人生轉彎處，找到不經意的道理。

海外看球

我有過四次海外看球的經驗，三次有中華隊出賽，目前戰績累積一勝八敗，輸給韓國兩次，日本兩次，美國、波多黎各、荷蘭、以色列這四支西方球隊各一次，而這些比賽都是重要大賽。

照理來說，輸到脫褲子了，我應該不會繼續看了，喔不，比賽卻越看越多了，尤其是海外看球，頻率越來越高。海外看球有個好處，你會看到許多球路詭異、球速極快、打擊大爆發的神人級球員，尤其日本、韓國球員特別多這樣的例子。

二〇一七世界棒球經典賽在韓國首爾舉辦，我帶了一團二十二人的好友團，浩浩蕩蕩跟著中華隊的啦啦隊，開拔到韓國觀賽。其中一場最重要的比賽，對上亞洲宿敵也是地主的韓國隊，還沒比賽前就知道是一場硬戰。

比賽過程的拉鋸，大家已經從媒體上得知了，我們也輸了，輸了總是得學到一點東西吧？我想說的是韓國終結者吳昇桓。

他在最後一局上場投球，我們幾乎都打不到他的球。他的球路詭異、姿勢詭異，全身上下都詭異，一個謎樣的人物。

他的變化球很特別，橫向、縱向，加上快慢的球速變化，以及三四種不同球種的出球點，形成了一個2×2×2×2，十六個維度的頂級變化球。我刻意站在本壘後方，遠遠看著每一球進到本壘板，或許他真的厲害，或許我們狀況不佳，反正他就是封鎖了我們的強打者，「一籌莫展」剛剛好形容了我們的窘況。

或許你會說：「有些球路是無法投出快速球的！」「十六維度，太誇張了吧？」

我知道，那是一種形容，對我們頂級對手的形容。

我的思緒

走回飯店的路上我一直思索者，怎麼會有這麼厲害的投手？我們以前不就遇過他了嗎？怎麼還會一籌莫展？

我自己的說話速度很快，雖不至於有人跟我說聽不懂，但我的快有時的確會造成他人的壓力，我自己很清楚。有次去上陳鳳馨的現場節目，她還因為我在節目中的快語速，頻頻跟我開玩笑說：「慢點、慢點，我快跟不上啦！」

她說話的那一剎那，我腦中竟然浮現出吳昇桓（網友戲稱「無生還」）的樣子，我的確不應該說話這麼快，不但造成他人的壓力，也沒有適時調整溝通速度，這是我不對，但為何吳昇桓的球速大家這麼愛看？

此時我才想到我站在本壘後方觀看十分鐘戰局的畫面，他厲害的不是球速快，而是那十六維度的快慢搭配，以及進壘角度與出手角度的位置不同，所造成的打者視線幻覺，迫使打者揮棒落空或是打到壞球，這才是他真正厲害的地方。

而且有時不刻意追求三振，讓打者打出軟弱的內野滾地球，使得隊友有機會防守，才不會讓整場比賽都是投捕手在玩，這樣的孤軍奮戰。

有時一些簡單的道理，在自己眼中是盲點，異業學習就是一種救贖機會。

在演講中，我自己善用的技巧，有時也適用在一些人物對談中，利用一些短暫的暫停、慢語速的強調作用，時而搭配重音加強、氣音呢喃、高音強調、刻意暫停促使思考，其中的道理都與投手的變化球相同，快慢搭配才是克敵機先的制勝武器。

不過球速也是一種個人風格。

有些投手就是喜歡投出快速球，這種球速如果快到讓打者根本打不到，也是一種極品，但是風險就是可能會讓對方轟出長打。懂得讓對方打不好才是投手生存關鍵，此時頂級投手的球種搭配，就是王道了。

但是，觀眾不愛看一球一球慢慢磨的比賽，況且這樣磨，會浪費投手許多球數，造成投手無法有長續航力，此時一顆極具威力的快速球種，就會是致命武器了。

總之，投手變化球與快速球的交替應用，就像人生要面對的每個難纏打者與難題，掌握自己的個人風格，搭配多球路、多維度的球種應用，相信也是人生面對強敵的克敵機先要領。

「想三振打者，想讓觀眾瘋狂嗎？」

催出球速吧！

「想讓打者打不好，想用團隊解決問題，不想孤軍奮戰嗎？」

多練幾顆變化球吧！

圓夢之旅，準備出發！

時間是二〇一八年三月二十二日晚上五點四十五分，台大工管之夜開始前。

總召阿三站在台上，對所有工作人員精神喊話。

「各位，從去年十月到現在，籌備工管之夜已經五個月了。今天請大家盡情地展現自我，讓所有觀眾看到屬於工管系的熱情！」

雖然同屬於工管系的一分子，但那天的整場表演我只是觀眾。知道籌備活動的不易，因此聽到這番話也不免引起一點共鳴。

關於我也準備了五個月的一趟圓夢之旅。

這場夢，讓我們一起圓

當系上學長和幾位同學，第一次向我提起規劃這趟美國行的念頭時，差不多是十月左右。一開始真的以為只是聊天時隨口說說的而已，本沒把它當回事，但沒想到大家的行動力竟都如此強大。

這大概是我大學生活最不真實的一段記憶了，近近地回想起來很破碎，遠遠地卻很莫名完整。

五個多月以來，可以說是非常矛盾也幸運。我是第一次規劃自由行，一切都得靠自己著手，而且這一去就是去美國十五天。★

從十月起規劃好的行程和想看的球賽，一路修修改改，內心經歷過許多兩難，畢

爸爸的話

與幾個年輕人一起出門旅行，我身為唯一的「大人」，有責任，也有壓力，對於行程我一度不敢抱太大期望；反過來說，這幾個二十歲的年輕人對我或許也沒抱什麼期望。

世代之間的隔閡總是難免的，我也嘗試自我調適，不管途中發生什麼事，都要用更年輕、包容的心態去面對。

易霖的籌備工作做得很好，他悶不吭聲地進行，只要我提出建議，他都會去找方法和資源。然而，當我表現出對行程的關切時，他就會擺出：「吼，我知道啦！吼！」明著表現出不耐煩，暗地裡卻積極解決問題，結果讓我們不太能溝通。

未來出社會後如果也以這種態度和老闆互動，老闆怎麼能知道你心裡在想什麼呢？總不能想自己的、做自己的，老闆卻毫無所悉吧？這就很容易造成「向上管理」的落差。我知道，面對家人或老闆，態度當然不會一樣，但在這方面還是想提醒易霖可以調整一下。

竟在這趟旅行中，除了要和同儕共度，同時也要照顧好老爸。在這樣的條件之下，也懷疑過自己是不是真的能好好走完這十五天。直到行前一天，我還是有些焦慮。

甚至深怕晚上會亢奮到睡不著覺，因此下午還去籃球場流了點汗，心想讓自己累一些，或許能更安穩地睡。

直到出發當天，喀一聲地蓋上行李箱那一刻，感覺一切都還是很不可思議。

「我們要出發啦！」

唯一一位大四的學長在機場高喊，很浮誇卻很切實。

這趟圓夢之旅即將啟程。第一次完整規劃自由行的我，緊張得要命，身旁大多數的同學，第一次的自由行通常都是去韓國、日本等等亞洲鄰近國家，怎麼也沒想到自己的第一次，竟然獻給了NBA和MLB。★

不過後來想想，這也算是一個運動狂熱粉絲的style。

圓夢以外的責任

從三月底到四月中旬的旅行，是一段很長很長的春假，除了好好地圓一場美夢以外，也應當安放好現實面的責任，以免在夢醒來後，生活失控無法自理。

更何況，桃友之夜就在兩個月後，身為總召的自己卻要出國兩週，是覺得有些慚愧。同時也深怕籌備進度在我歸國後失控，所以在出國前，將事情妥善地安排好、吩咐好，是我身為領導該盡的責任，這樣自己也才能安了心出國。

爸爸的話

易霖和他的學長、同學們為了節省旅費，買的不是直飛機票，因此我們一行人必須在北京轉機，而不是直飛美國。既然同行，我也是配合。

抵達北京，他們說想逛逛北京城，我說：「只有六個小時，而且扣掉交通往來時間，你們只剩三個小時可以逛。」

他們執意要去，雖然有點猶豫，但我還是同意年輕人自己行動。就在他們轉身離開的那一刻，心裡突然很擔心，甚至衝動得想陪他們一起去。

後來想想，他們幾個人都沒來過北京，年輕人敢去闖，就代表他們有勇氣，讓他們去闖闖有什麼不好？「你們自己小心！」提醒了這句話之後，看著他們的身影逐漸遠去。

在年輕人勇闖北京城這幾小時，我這老爸的心始終沒放下來。登機前兩個小時，我就到登機口等待，度秒如年，如坐針氈，就怕他們錯過班機。

登機前約一小時，幾個大男生總算慢條斯理走回來了。看見他們自若的神態，本來要衝出口的話也收了回來，我在心裡取笑自己：「你擔心這麼多幹嘛？他們不是小孩子了，會用網路，更會問路，初生之犢不畏虎，有什麼好擔心的？」

雖然我知道那段期間，團隊儘管少了我，依然能做得很好。大家都很有擔當。還有，關於幾個課堂報告，在向組員告知我要出國兩週之後，幸好大家都能體諒我要「消失」這麼長一段時間。

在踏實生活的時空裡，做一場兩星期的夢。夢是我嚮往的遠方，家是支撐我做夢的床，如果失去了床，夢大概也不得安穩。

「辛苦了」

不知從何時開始，對於這三個字很是厭煩。

不管是籌備桃友之夜，或是這一趟圓夢旅行，正因為這些都是我們甘願的選擇，同時也是熱衷的事物，因此這段過程中，才像個傻子般地樂此不疲。

「但為什麼我們即使在熱衷的工作裡，仍然會感到厭煩呢？」我偶爾會這樣問自己，尤其是當別人用「辛苦了」來寬慰我，我卻感受不到一絲安心的時候。

我想，我們並不是為了別人那句「辛苦了」而厭煩，畢竟那是對方感謝我們付出的方式之一，是一種好意。

「我們是因為熱衷而追求完美，追求完美才會產生焦慮感、才厭煩吧。」

沒有一項工作是永遠輕鬆的，即使你百分之百熱愛它，也會有恨它的時候。我想老爸也曾經為了講師這份工作而感到厭世吧，因為那真的太累、太辛苦了。

不論哪個世代、哪種工作，都有快樂或厭世的瞬間。

在工作結束之後的當下如果是快樂的，就算公車司機不小心忘記放你下車、就算捷運坐過站，也會覺得沒什麼。但如果有那麼一個厭世的瞬間，即使買了好吃的消夜和一罐啤酒想要享受清閒，可能還會因為牙籤總戳不起滷味裡的貢丸，覺得全世界都在和你作對。

眼中的世界反映出當下的內心，即使我們都夢想著同一個遠方，現實也會帶每個人走上不一樣的快樂和悲傷，造就了每個人不一樣的平凡。

人就是這麼奇怪又可愛。

如果我們能一起圓一場夢，在大舞台上跟著謝幕音樂搖擺、在球場的觀眾席上振臂歡呼，那麼過程中的所有爭執和不快，都會在或長或短的未來裡煙消雲散的吧！

「一路上，感謝有你們的扶持。」

時間是二〇一八年三月二十二日，晚上九點三十分，台大工管之夜結束。

寫在美國旅行前

這次的美國旅行，是一個人生的重要轉折，人生沒幾個轉折，我會這樣說，確有其道理。

1. 第一次踏上美國本土，去過兩次夏威夷不算。
2. 行程都是小狼安排的，父子同行，很有意義。
3. MLB／NBA初體驗，一次擁有，兩份享受，圓夢體驗，樂趣無窮。
4. 帶著身體的病痛，擔心潛在的風險。

聽我一個一個說吧。

我的工作很忙碌，過年以外，要能有個連續兩星期的假期，簡直是癡人說夢話，但這一回是提早因應，四個月前就排妥行程，一圓美國夢。

我去過兩次夏威夷，一次是度蜜月，一次是安捷倫的總裁獎頒獎典禮。跑遍世界獨缺美洲與非洲，這次能與小狼一起前往美國，我真的很興奮，世界的旅行地圖上布滿我的足跡，卻沒有一次這麼興奮。

說真的，我還是很忙，行程都靠他跟良安，還有他的四位同學安排，我就旁邊刷卡結帳，好像不錯，也很擔心。不錯的是，我都不用做事，擔心的是；他沒有自由行經驗。

我們還沒去，不知道，但兒子都二十歲了，除了相信他以外，我覺得應該放手讓他安排，最差就是露宿街頭。

身為父親，有些功課，事到臨頭才學會。★

爸爸的話

在旅行中，我和小狼其實沒有聊太多，他甚至不敢告訴我，因為我睡覺時會打呼，所以他必須戴著耳機睡覺。

父子之間的互動畢竟和母子不同，我不會像他媽媽那樣跟他說東說西、叮嚀這個叮嚀那個，對我來說，這一趟旅行的意義不在於聊天講話，而是更仔細地觀察彼此。我可以藉機觀察他的生活習慣；觀察他喜歡吃什麼、玩什麼、買什麼；觀察他看到籃球時的反應；觀察他喜歡哪一位球員……。

對我來說，仔細觀察他的各種喜好，就是父子互動的一種好方法。過程中，我關心他、注意他，也更了解他。例如我觀察到，當小狼和同學在一起時，是很活潑、很能聊、很能吃、很能玩的；相較之下，和我在一起時就顯得比較沉默內斂。也可以說，因為我們很Man，所以不怎麼靠言語溝通。

我看棒球，他看籃球，一人一樣，各有所長，不過小狼幸福多了，他二十歲就看到了NBA，而且票還貴森森。

這一定很值得，錢再賺就有，回憶卻無價。

倒是我老來俏，一次計畫看足三場MLB，橫跨洋基、大都會、費城人三大主場，若不是因為時間安排，紅襪、國民的主場比賽應該也要去看看。去紅襪那天，主場沒比賽，拍張芬威球場的照片，應該也能聊勝於無吧。至於華盛頓DC國民隊，就只能等待下一次了。

至於病痛？一開始我還不太願意說的，既然寫到這裡，我就說吧。

兩年前從一趟荷比盧返台後，就一直深受尿道感染所苦，這是一種看似小毛病，痛起來會要人命的病。

擔任職業講師十多年，我曾有過三次前一天取消課程的紀錄。第一次是二〇〇六年的坐骨神經壓迫，坐輪椅返台，隔天課程請其他老師代理，那時我還小牌，我雖然很不願意，但客戶也欣然接受。

第二次就是十年後的二〇一六年六月，實在沒辦法上課，我請同事到客戶辦公室親自致歉，擇日補課。

沒想到第三次只相隔一年多，再度發生。

這一回是二〇一七年十一月從東京看亞冠賽返台後隔天，夜晚已經非常不舒服，

爸爸的話

這趟美國行開始前，我告訴易霖：「旅途中所有吃的喝的都由我來付，我還會給你一千塊美金作為零用錢，如果你想買什麼，必須限制在這一千塊美金以內。」

對於這件事，我有過掙扎，心想：給他一千塊美金是太多還是太少？我準備的旅費真的花得完嗎？如果花不完，為什麼不多給他一些？

其實，給孩子錢很簡單，幫孩子刷卡買東西也很容易，反倒是「不給」比較難。易霖就如同今天許多年輕人，在小康或富裕的家庭中長大，從小到大沒有擔心過錢。他也不會做過多無謂的消費，一旦身上的錢不夠了，即使看到喜歡的東西，也不會要求我刷卡代付。

在社會上，所有想要的，都得靠自己努力獲得。如果不夠努力，想加薪？沒門；想升官？免談。因此，年輕人必須在前進的推力和挫折的拉力之間，找到一個平衡點，才能適應社會。而限制易霖的消費金額，算是我給他的一種訓練。

從科技管理的角度來說，一個人擁有多少財務資源，以及如何做好資源的合理配置，可以從生活、旅遊中獲取經驗。有多少錢就做多少事，這是職場上進行專案或辦活動時必須具備的基礎概念。

我不知道在易霖心目中，這段父子同遊美國的經歷具有什麼樣的意義，但從很多方面來看，這是我人生中一段很值得珍藏的回憶。這輩子我們不見得還有機會再來一場父與子的旅行，但我期待著，未來有一天我們可以全家一起出國旅遊，他獨當一面主導整個旅遊行程與細節，我認為，這將會是全世界最幸福的一件事。

為了不讓客戶失望，並顧及自己的面子，一大早跟司機聯繫決定硬撐上陣。台北晶華酒店九點的課程，才上到十點半，我就滿臉扭曲、痛苦不堪地下台一鞠躬了，承諾客戶補課，加上我第一時間答應酒店的場地費由我負擔，現場學員也理解之下，火速逃離現場，掛了急診，迅速就醫。

這不是件光彩的事，況且我一千九百五十場次企業內訓就只發生過這三次，應該還好吧？

是的，我覺得還好，但我就是愛面子，人生至此都是硬撐的結果，概括承受所有硬撐之下好的結果，與不好的結果。

堅持與逞強，一線之隔。

這幾年成名的代價，就是憋尿憋出問題了，加上少喝水，很不健康。所以我的泌尿系統有些問題，容易復發，就在短短兩個月內斷斷續續復發了五次。我真的很擔心自己在美國期間的身體狀況，所幸三軍總醫院曹醫師的細心診療，讓我在出發前兩個月進入靜止期，也希望自己能夠度過難關。

人啊，真的要認識一些醫師好朋友，我自嘲：「曹醫師連我的屁眼、私處都看過、摸過了，也幫我解開人生愛面子的難題，讓我瞬間大解放，真的是功德無量！」

話說回來美國行，藥已備妥，正要前行，再難，都要去。

成為自己最大的批評者

我有個壞習慣。他們說的壞習慣。

思考的時候、焦慮的時候、手不知放哪的時候。

我咬指甲。

從小到大身邊每一個家人，都說這個習慣會對我的未來有不好的影響。他們說，當人家看到你殘缺不堪的指甲，會不想跟你交流；見面的時候人家握你的手，會覺得你很怪。

是的，我很怪。但這就是真實的我。

那些人與人交流的繁文縟節對真實的我來說，都不很管用。即使他們覺得我是個異類。

不管心理學怎麼說，說咬指甲的人缺乏安全感，我都無所謂。至少在思考的時候、焦慮的時候、手不知放哪的時候，這個「壞習慣」能讓我回歸平靜，甚至能幫助我很多。

咬指甲總比菸酒之癮好吧。

將不平整的指甲，和我認為手上多餘的繭一片一片撕裂，和我追求完美的偏執個性算是幾乎符合。

讓自己痛、讓自己流血，經常把自己的不堪呈現在表面上，就是我面對自己，也讓別人認識我的方式。

咬指甲的時候，我在心裡學。

我知道自己的不堪，所以用力地批評自己、撕碎自己，以致於有時候很難接受別人的批評，以致於我特地寫下這段文字來替我的壞習慣找藉口。

極度自我要求的部分，和籃球一樣，我不想避諱地說。

大一上學期時，我打系籃，和大家都不算太熟。他們不懂我、我也不懂他們，以至於在球場上的很多交流都讓我不很愉快。

某種程度上，也是自己在與人相處這塊的修煉還不夠圓滑。

所以我退出了。

但我確信自己依然熱愛籃球，依然在他們看不見的地方精進自己。

大一下我寫專欄，同樣自己練球。大二我寫書，也一樣練球。讓自己變強的過程，我從未想過是要打臉那些曾經看不起我的人，只是當一個人變強以後，自然有人會向他靠近。

籃球大帝Michael Jordan說，要以一種從未贏過的心態精進自己，但當你在與人競爭時，要表現得像從未輸過。

Practice like you’ve never won, play like you’ve never lost.

我一直都是這麼激勵自己的。

如果你成為了自己最大的批評者，任何其他素未謀面的批評，都再也擊不倒你。

戴新手套參加大比賽

二十一世紀是資訊爆炸的世紀，對現代人而言，知道許多訊息與知識並不困難，難的是，判斷何者為真？何者為偽？

一堂開班課程結束，助理馬上私訊我：「憲哥，兩位老師覺得自己課程沒上好，內容太多，節奏跑掉，他們都很自責，晚上七點多了，還在樓下檢討。」

我敏感地覺得，老師們一定是自我要求甚高，更改了教學方式，運用新的教學技巧，甚或是聽了其他人的建議，以新的方式呈現，但因過程牴觸原先肌肉記憶與大腦習慣反應，導致時間控制不當、表現欠佳，因而自責不已。

而這一堂課的前次學員評比，才剛剛拿到滿分，是一場完全課程，全部學員給與老師五分的極高評價（類似職棒的完全比賽）。

我完全可以理解老師們的作法與心態，自我要求甚高本是一件好事，為何到頭來卻傷害了自己呢？

有時候也會因為很多人給予建議，進而認為自己很差，就想要改一些已經習慣的操作動作，讓自己進退失據，表現失靈。

這讓我想到棒球員的例子，無論是打擊者或是投手。

業餘選手進步靠教練，職業選手進步靠自己

或許大家都知道「大賽不用新手套」的概念，其實這邏輯很簡單，對於棒球選手而言，他們的吃飯傢伙不外乎：手套、球棒、球鞋、噴膠、球衣這些貼身物品，若是要更換這些貼身物品，通常會利用小比賽或是例行賽時更換，以增加其貼身程度，尤

其必須要有一段時間的適應後，在大比賽出賽時，才不會捉襟見肘。

這道理跟重要簡報時刻，不要用新電腦的道理很像。

但對於投手與打者而言，更殘酷的事實是：「教練有時為了求好心切，會建議更換打擊或投球動作」。對於新球員來說，教練給的任何建議其實都是為了球員好，唯命是從，往往常是一貫的應對策略。

但對於資深球員而言，許多人都會有個人習慣，一旦更改其個人習慣，往往表現會荒腔走板，變成四不像。

誰的話要聽？誰的話不用聽？球員或許莫衷一是，然而上述的老師，或者一般的職場工作者，其實都會有類似情況。

這讓我想起前一陣子很紅的電影《我的冠軍女兒》，片中父親與長女的教練，為了誰的訓練方法是對的爭執不休，最後父親屈就在國家教練的地位下，改為私下指導女兒。

我個人的看法是，過分固執與空杯心態本是天秤的兩端，判斷的標準只有兩個：「用結果的呈現來衡量目標」，以及「自己對於專業的自信程度」。

缺乏自信的人，會到處尋求方法，改善自己的弱項，此時對於自己有用或是無用的資訊，一但缺乏判斷能力，很容易會造成誰的話都聽，任何意見都要修正，失去自己的工作靈魂與價值。

當然啦，任何人的建議都不聽，我相信久而久之也不會有人再給他建議。於是，清楚自己要什麼，就變得非常重要了。

要進步與改變，通常會有四個關鍵變數依序出現：觸發、夥伴、教練、環境。

觸發：為何要改？遇見改變的時機了嗎？

夥伴：是否有同行者？

教練：是否有信得過且能力高過你的人？

環境：改變的過程，環境是否有利於你？

我覺得教練與球員的關係，跟師生的關係很像，其實都是一種緣分，我也從年輕時的過於在意此類關係，到現在的豁達看待，很多事不必強求，水到渠成而已。

回到本文開頭時談到的資訊爆炸，我想奉勸無論是球員或是職場工作者，一定要清楚自己要什麼，若將他人的意見都當作聖旨，莫衷一是、無所適從就不好了。

或許您會問我，我給了兩位老師什麼建議呢？

「合體時用減法，單飛時用乘法，榮耀時用加法，無助時用除法。」

人生，不只是一個人的狂熱

「一個二十歲的孩子，憑什麼寫書呢？」
「你這篇廢文，比國中生還不如。」
「筆者台大，你敢嘴？」

這些話是從我開始寫專欄後，受到的批評和質疑。就連我自己也經常懷疑自己，再加上那些別人對我的否定，曾經重重打擊過我，但也讓我調整成現在的樣子。

的確，我曾經想過「我憑什麼寫書」這樣的問題，只因為我寫了五十五篇NBA專欄嗎？我想在運動視界或其他平台，寫得比我好的作者多得是，觀點比我精闢的人也不少。

他們那麼專業，那我憑什麼？

我想我很幸運，就和Stephen Curry一樣，有個走在前頭引領的老爸，如Dell帶Steph一樣，讓我在年輕時就看盡了前方的美景和荊棘。

他總是栽培但不揠苗助長、鼓勵但不過度催促地看著我長大。

我知道這個道理，但對我來說，卻不是每一刻都欣然接受。

我是一個極度敏銳的人，換另一種話說就是太敏感。我知道，一旦開始「do something right」，必定有不看好的聲音，來自你未知之處、未知之人。在這個資訊極度迅速傳遞的時代，要在一時之間接受並消化這些指指點點，並沒有那麼容易，只有經歷過的人才懂。

就像每一個NBA球員一樣，星度越高，越多人酸；YouTuber或其他創作者也一樣，有多少人愛你，就有更多人恨你。

說我正在做的事很廢、很白癡嗎？或許吧，我有時也這麼覺得。寫作記錄生活，之於那些偉大人物確實很渺小，不過有一位我很喜歡的YouTuber曾經這樣說：「我和你們這些酸民的不同之處就在於，我做耍白癡的事可以賺錢，但你不行，就這麼簡單。」

「一件感動的事需要兩個人，一個做的人、一個懂的人。」我知道我的人生，從來就不只有一個人狂熱。

你的身邊會有一些懂你、了解你的朋友和親近的人，如暖陽般照耀著你，給你面對一切艱難的力量和愛；同時也會有不愛你的人，如烈火，在你經過之路，狠狠地燒盡了花花綠綠的世界，不管你怎麼做，都迎合不了他們的胃口。這會讓你知道世界沒那麼容易面對，也讓你了解有光明就有黑暗、有愛就有恨。

而在愛與恨中間的是非，通常不是那麼容易界定。

「當開始有人厭惡你的時候，你要知道，或許你已經在做某些『正確』的事了。」Stephen Curry曾經這麼說道。

我除了是自己努力下來的產物，也是這個世界的產物。不論是多麼幸運，有個星爸栽培，還是有多不堪，遭受酸民攻擊，都是這個世界成就我的一部分。

我不只是一個人狂熱，除了我，還有一路支持我，和唱衰我質疑我的你們。現在的我，正在學著對這世界的一切敞開胸懷。

人生，是兩個人一起狂熱

帶著小狼一起寫書，我進步最多，而這件事，我從未想過，謝謝好友潔欣給我一個如此棒的好點子。

他常引用球星的話，我想引用自己說的話：「當你感到痛苦的時候，其實痛苦已經快過了。」我想送給小狼，這句話用在撰寫專欄與面對酸民時的心情，再貼切也不過了。

剛開始寫文章的時候，難免很在乎按讚數、瀏覽數、分享數，更是在乎底下留言的內容。看到高按讚數、瘋狂瀏覽數、誇張的分享數時，真的都很開心。但我常問我自己：「這幾篇真的有寫得比較好嗎？」

有些有，有些卻不見得。

那我在乎什麼？

底下留言讚美我，真的很開心；酸我，我卻很傷心。

他們是真心讚美？真的很酸我嗎？

有些有，有些卻不見得。

那我為何難過？

寫作至今，這麼長的時間，這麼高的產量，到頭來就只學會兩件事：「第一，寫自己想寫的，說自己想說的，其他都是第二。」

如果你問我，人生為何而狂熱？

我的回答是：「因為跟你一起寫作。我之所以狂熱，因為這讓我找到，身為父親與星爸的狂熱。」

小狼，繼續寫，好壞就讓市場決定，就像你說的：「就算耍廢卻有市場，而你不行，這就是我跟你的差別。」

Chapter 4

新世代
三分線跳投

意外與累積

夢想與意外

意料之外的是，夢想成為創作歌手的我，先一步成了作者。在二十歲就出了書。雖然不確定自己是否能扛得住這輕重不定的身分。

意料之外的是，和老爸共寫一本書的感覺，比想像中更溫柔、更感動、更有趣，甚至是更刺激。

意料之外的是，在大二時我就圓了看NBA現場球賽的夢想，多麼幸運。

迷失與意外

意料之外的是，原本志得意滿地以為可以攜手到白頭的愛情，在有心無心的過錯和忽視中劃下句點。

意料之外的是，失戀不但沒有世界末日，反而帶著過去的自己蛻變，更懂得享受自己的人生。迷失以後，先好好地認識自己，再學著愛別人。

意料之外的是，迷失再療傷後的自己更勇敢。扛下了各式各樣的重任，辦了一些活動、圓了美國夢，甚至寫了這本書。

生命中總有些從未思量過的，會在未來發生。就算再善於規劃，很多事情依然不會在掌控之中。

一班錯過的捷運。教授突如其來的提前下課。摯友忽然心情鬱悶想找你解愁。公車司機忘記開門放你下車。一場大雨。洗澡時熱水器忽然秀逗。

因為這些意外，生活才可愛又可笑，才不至於千篇一律。

一場籃球賽，對手的戰術策略不可能完全在你的掌控之中，我們都要在瞬息萬變的狀態，學著面對問題、思考問題、擁抱艱難與挑戰。

記得第一次和企劃了本書的編輯碰面時，她問我會不會常思考未來。

我偽裝了一部分的自己，說不會。

對第一次見面的人，多少會有一定程度的防備，也因此，我將心中完整的答案稍微包裝再丟回去。

其實心中的小劇場是爆炸多的。對於未來有很多遐想，遐想著錯過以後，平行時空的發展。

猜想寫了專欄會不會得到更多關注，又能得到多少關注，猜想有了粉絲和酸民之後的人生，猜想酸民會如何攻擊自己，猜想如何應對。

後來才知道，很多很多的小劇場都只是杞人憂天。它們不會發生，想太多也無濟於事。就算真的發生了，它也跟你想的有一點不一樣。

這世界不是只有你，還有別人。這世界上你最能夠掌控的命運，也只有你自己。

是意外也是累積

撰寫專欄是多年看球的經驗累積，寫書是專欄的文采和人氣累積，美國圓夢之旅是以上種種的累積。

失戀是種種未解問題的累積，發現新世界是失戀後的累積，結交新的革命情感是以上種種的累積。

某位偉大的人曾經說過，人生沒有奇蹟，只有累積。但我想推翻他。

人生充滿許多光怪陸離的意外事件，每個意外都是一個奇蹟，閱讀以後，把歡笑感動惱怒悲傷遺憾都收摺堆疊，才累積出生活最真實的樣子。

生命本身就是一個奇蹟。

與小狼的緣分

有一種緣分是，在搖晃的世道裡認識自己。

很慶幸我遇到了你，小狼。

「嘿，小狼！今天NBA戰況如何啊？」

「欸欸小狼！勇士又輸了啦！」

「小狼，騎士總冠軍啦！」

給自己貼標籤

開始寫NBA專欄之後，身邊不少的朋友都會直接用專欄的筆名稱呼我。

有時問我球場外的花絮，有時要我發表對場下各種花絮的意見或分析戰況。有時也會對我噴噴垃圾話，例如說我支持的球隊永遠不會奪冠，但他們就只是說說。

很享受這樣跟朋友們互動的過程，因為在寫專欄之前，我和系上同學其實沒什麼話聊，直到小狼的出現，讓我經常變成話題的中心。

雖然一開始的我並不很清楚自己，是不是真的能和這個身分和平相處。

身邊也有一些朋友問我，取筆名的當下在想什麼，又為什麼是狼，而不是其他。

其實取筆名的當下想法很單純，我只想趕快把自己寫了一整天的心血發表出去，但是註冊作者帳號又需要一個筆名。

我心想不能太隨便，像以前玩「楓之谷」取名字那樣。

唉，不論在哪個遊戲裡，取名字都是一件很麻煩的事。突然覺得替自己取名字的爸媽和長輩們真不簡單。

「筆名耶！可要慎重一點。」

人生是如此慎重的遊戲。

雖然這條路跟我預想的「文字工作者」路線有點不一樣，但我還是這麼告訴自己。

「不然選一種動物好了！」

我第一個想到的是貓。曾經覺得內心深處的自己很像貓。

第二個我想到了豹。因為高中時，老師曾要求大家寫一首「動物詩」，當時我選的就是豹，跑得很快、又對獵物執著，我用來形容自己對愛情和夢想的專一，現在想起來還有點肉麻。

第三個我才想到了狼。

總覺得和NBA、籃球相關的寫作，用貓和豹當筆名都奇怪，狼感覺就挺酷的。

當我把「小狼」兩個字打進筆名的小框框後，我完全沒想到，就這樣養了一個靈魂在自己的心裡一年多。

當牠一字一句，慢慢寫下眼中的NBA世界，才開始理解這個名字帶來的意義。我就像結交了一位新朋友，開始會和牠說話，就像我的一位朋友會和她的娃娃「小波」說話一樣。

「少年狼，阮作伙來行！」我跟牠用台語溝通，有鄉土味。

「你叫做小狼哦？甘那肖郎！」我常常說牠是個瘋子，因為動不動就寫專欄寫到凌晨兩點。

「小狼啊！我覺得你還可以長大！」難得跟牠說中文，有點語重心長，我希望牠不只是小狼。

標籤的意義

大部分NBA的超級球星們在進入聯盟之前，就是學校裡響叮噹的人物，球技大部分也都是頂尖，而且他們心中都有幾個自己覺得很有意義的背號。即使無法選擇去自己最想去的球隊，他們依然能用那個背號代表自己。

可能是致敬一個偉大人物，可能只是單純感恩家人，或者榮耀神。

他們都是熱愛籃球的孩子，在籃球最高殿堂的舞台一展風采，直到他們打出成績，或在自己的球隊上找到定位，大家就會記得某支球隊的某個背號，就是他。在時間的累積之下，那支球隊的那個背號，漸漸成為球迷心中無可取代的。

公牛的23號、湖人8號、24號、馬刺21號、騎士23號、勇士30號，在自己的宇宙變得無可取代、獨一無二，在NBA的歷史中撰寫傳奇。

小狼是我的寫作靈魂，也是我貼給自己的標籤，是屬於我自己的背號。

我透過牠的眼光認識萬千世界，也認識好多面向的自己。牠是我的一部分，也是我的朋友，和小狼相處的時光讓我獲得好多的故事，也傳遞了好多。

我知道在這個世界上，沒有人會永遠跟我在一起，除了牠以外。

或許這也是緣分，你說對吧。

關於喜愛

愛是自然而然
愛是勉強不來
愛是
付出不等同回報卻又渴望回報

愛啃的書
不消幾分鐘甚至
一瞬間
唏哩呼嚕就收納
人家沒要你記得的都會記得

不愛啃的書
給百日、給一年

一字不漏讀過
還可能
一分未得
哎呀，原來這就是
愛呀

一起走過高峰

真正愛上一支球隊和城市的文化，是什麼感覺？

大多數非美國、非多倫多的居民，都不是因為城市而認識並喜愛球隊的吧？大部分的我們可能是因為球星魅力或打球風格，才開始去了解一位球員、一支球隊。他與他們的歷史，與未來願景。就像我對Stephen Curry和金州勇士這支球隊的感覺一樣。

因為他和他們，我開始嚮往奧克蘭與金州大橋。

因為他和他們，我開始了解一個團隊的成功，需要無數個環節的順利運轉，從人們看到的看不到的、吹捧的唱衰的、堅信的質疑的，破繭而出。

因為他和他們，透過三分球扭轉時代的浪潮，讓籃球漸漸地成為我的信仰。

記得高三那年，考完學測，我整顆心已經飛進了NBA。

那年的勇士，正巧是聲勢最高漲的時候，雖然陣容並不算是近年最有競爭力的，不過例行賽七十三勝九敗的氣勢，仍然順著Curry「英雄造時勢」的瘋狂而水漲船高。

後來，還造就了聯盟整整兩年的「軍備競賽」。

七十三勝九敗那年的最後一勝，勇士對上灰熊。那天恰巧是Kobe Bryant的退休戰，萬眾矚目。

當天我可瘋狂的，直接和班導請病假，在家大剌剌地打開電視和電腦，電腦螢幕播放著Kobe率領湖人大戰爵士，電視上是勇士收官灰熊，兼Curry例行賽三分球四〇二顆的紀錄之夜。

在成為專欄作者以前，我也是個平凡且瘋狂的球迷啊。

去年此時，勇士在西區決賽，遇上最具競爭力的對手馬刺。因為這對戰組合在當時，頗具話題性和故事性，我才毅然決然地決定踏上專欄之路。

〈士別四年的重逢，西決前夕的平靜〉，這是我第一篇專欄的標題。一開始沒有想太多，只是找了一堆數據，加上自己對這支球隊過去和現在的了解，寫下了第一篇文章，獲得還不錯的效果，就走上了這條路。

親愛的勇士們，你們對我來說，是意義重大的。

對球隊的熱愛，我想，和真心愛一個人是一樣的，由淺入深，從購票入場高喊助威，到逐漸了解它經歷的足跡。這樣長久的感動才讓每個球迷，對一支球隊投以深邃明亮的眼光，進而產生長久陪伴帶來的感動。

一起經歷低谷

全哥是達拉斯小牛隊的球迷。雖然球隊中譯名已經改成「獨行俠」，我還是習慣小牛。

全哥總跟我說：「你看現在的小牛，一直輸是最好啦。只有真正的小牛迷才會希望現在趕緊『坦到』選秀籤，然後起飛。」

我一開始是挺不能接受這種讓球隊失去在場上競爭力的想法，不過以一個死忠球迷的立場，會以這樣的方式期許球隊的未來，也是情有可原。

事實上今年夏天，小牛隊的「坦克之旅」也讓他們的未來出現曙光。

我還沒經歷過勇士最低潮的那一段時期，無法體會自己支持的球隊跌落低谷，甚至需要靠故意輸球來獲取高順位選秀籤的那種感覺，但我願意一天天、一年年慢慢地去體會。

一開始是因為你們球風，愛上了你們的文化，後來更是因為你們在冠軍賽的失敗而學習，清楚了解即使沒有得到冠軍，你們還是會重新站起來。

我想，這就是我喜歡你們的感覺。

正如兩年前，Kobe站在湖人隊主場中央的那一段退休感言，清晰表達了一位球員對球迷的感恩：

「我要謝謝你們，不是因為那些輝煌的冠軍年代，而是因為我們低迷的那幾年，你們一直沒有離開，一直在這裡陪伴我們二十年，打從心底感謝你們沒有逃跑，我也沒有。」

我們在最好的時代愛上彼此。後來，愛能讓我們在最壞的時代互相攙扶。走過了種種再回顧，最壞的時代也是美好。

關於成長

劇烈的成長

一個人的成長，很容易讓他想殺死那個過去的自己。

例如回想起所有說過的，不堪入耳的話；例如在愛情裡、友情、親情裡的所有忽視與苦苦哀求。不是指殘忍血腥的那種殺死，而是透過內心的吶喊，吶喊著獨白與自我指責，來讓那個過去的自己漸漸消失在生命中。這樣的死亡，像是將他火化成灰，讓他在自己的生命中以另一種方式存在。

我也對曾經的我，感到嗤之以鼻。

聽著他唱過的歌，想他過去的遭遇、說過的話。甚至也想了想，他寫這本書幾個月內，對自己心態上改變的獨白。

我有點想殺了他。

「你怎麼會寫出這種東西啊？這是我嗎？」幾個月前心裡想的、鍵盤上敲打的，好像都因為某些特殊原因，而變得和現在想的大相逕庭。我沒想到，帶著新奇的、二十歲的眼光所看的世界，竟能如此劇烈地改變一個人。

因此，在這本書裡，默默地，我的成長時光也藏在裡頭，不只有遙遠的過去和我嚮往的未來。

關於平靜的成長

察覺到自己長大的那瞬間，

原本的遠方變得熟悉，歸鄉時，情更怯。

懷念你穿著制服、走過電影院前廣場，看看、聽聽街頭藝人表演的時光；懷念你剛畢業那年，還時不時和三五好友約著一起回家、一起回母校找熟悉的師長。懷念你和同樣青澀的他，一起攜手假裝成熟，最後分道揚鑣走向更真實的成熟。

即使懷念，但有那麼一瞬間，你看看、想想那些懷念的，都走得好遠了，連同那些熟悉感，也一併轉移，到了你現在居住的地方。

當遠方變成故鄉、故鄉變成遠方，我們學會長大。

時間走得那麼那麼快，在這個爆炸時代，快到人們不得不追趕時間、嘗試掌控時間，才得以將生活過得豐盛、才得以長大。

矛盾的是，因為長大，過去你認同的，現在可能被推翻了；以前你從未相信過的，卻被現實催促著相信了。

例如，某些成功學書籍闡述的「法則」，是我曾經，在對這世界一無所知的情況下，選擇盲目奉行的圭臬：

例如學會管理時間、例如要勇敢堅強、例如不要緘默太久、例如學會發表意見，例如你必須遵從這些「法則」，否則你永遠不能成功。

然而，日子過著過著，實際上的感受是，我從未想過那樣的「成功」是不是我想要的那種。

是成功的企業家、成功的老闆、成功的有錢人嗎？

是成功的父親、成功的兒子、成功的朋友嗎？

還是成功地在當下活出真實？

我到現在還是不得而知。

或許對這些問題保持永遠的詰問，才是真正的答案吧。

曾經在蔡傑曦的書裡讀到：「讓現在的自己滿意，但是未來的自己不滿意，這樣才是成長。」

或許我永遠都得不到以上那些問題的解答，但在接受這樣的事實以後，我選擇把埋葬過去自我的方式變得溫柔些、選擇把對自我的沉重吶喊與指責，留給未來那個高標準的自己，讓他去變得好、變得溫柔，唯有那永遠新奇的眼光不變，讓他永遠能在加速時代裡走慢自己的時間、放空旅行。

成長是如此殘忍而美好、縹緲又真實啊。

他們的過去與後續

即使你偶爾會夢見，你們一起承諾要去的地方。

即使在白天，你看見了某個和他很像的人。

甚至你只是在某個小店，點了一道以前常吃的小菜，然後你想起他了，那又怎樣？

當這座城市把夕陽捲起來，你知道回憶也該被收摺。

他對於自己記住了兩百四十六種與女孩相關的事件，一概從未提過。

例如她笑起來時臉上浮現的迷人紋理、例如她家幾台車的車牌號、例如她每講完一句話，總會重複結尾幾個字的嘴型、例如她好像從未對他兇，等等。

太多太多，或許是他忘記自己提過、忘記自己曾經記住她的那麼多事情，只肯在失去之後反覆咀嚼再訴諸文字。

「當初真笨。」

「怎麼會錯過這麼好的人。」

「但這也是學習課。」

他一邊默念著崔舜華的〈學習課〉，一邊反省著自己沒說出口的話。

「在失敗的手術室學習
新的肢骨長好前
去學他人戀愛、生活，和旅行。」

他絕不是啞巴，只是不善於表達，特別是在愛人面前只想任性賴著。想暢談就暢談、懶得說話就沉默，任性得很，不同於在其他人面前展現的強悍。

校園，起點

校門口的風景他再熟悉不過了。當糾察時天天值勤，記得紅綠燈幾秒會變換、記得校門對面早餐店阿姨的大嗓門、記得警衛大叔的熱忱。記得高二校慶那天，他和女孩在那兒合照，心裡暗自竊喜。因為這是他們共同為校付出的回憶中雋永的一筆。

沒想到分開後再次碰面，只事隔七個多月，還是在這個校門。

他站在自己執勤時常站的位子，女孩走到他們三年前一起拍照的點上。

他們互相看了一眼，停留的時間不算太短，像是在確認什麼。

接著相視而笑。

然後像啥也沒發生地，繼續他們各自與別人的談話內容。

約莫一點八秒鐘他一個字也沒吐出口，像是在堅持一種個性。

「妳看起來很有精神。」這是他沒說出口的話，他知道說了也是尷尬，而且這什麼話，老派。

他並不想打擾她。

就算是一次巧合，他也只想靜靜看著，接下來讓一切順其自然地發生。

的確看一眼，一個嘴角微微上揚就能確認很多事情，包括雙方的神態、包括勇氣的界線、包括彼此關係的重新劃分。

那一眼是什麼感覺？

「愛情中有許多的第一次，沒想到分開後也有這種第一次。」他暗自揶揄自己，像是已經釋了懷，不過其實在看了一眼後，幾個月心跳暫停的額度都用盡了。

「是時候了，回家。」

當這座城市把夕陽捲起來，你知道回憶也該被收摺。
你能做到的。

第一次重逢的他，心情是平靜的。
那一眼讓他分辨出思念與愛，那個微笑把心上某一段傷痕縫補起來。
總的來說，那是個令他喜出望外的傍晚。
她呢。
他已經猜不到了。
終於看懂情歌裡，最熟悉的陌生人。

關於珍惜

「在愛裡念舊也不算美德。」李宗盛這麼唱著〈給自己的歌〉。

念舊之於我，是一種珍惜的方式。珍惜自己走過的路、讀過的書，和愛過的人。然而現實的殘酷經常告訴我們，活在當下才能常樂。該當往前走，不要經常回頭。但在寫作，或者一些自我幻想的世界裡，我經常回顧那些流逝的時光。

有溫暖的，也有刺骨的，無論想念哪一種過去，它經常讓我看起來，和其他人不是活在同一個時空。儘管和朋友正在並肩走著，我可能正呆滯看著遠方的一對母子發呆、可能盯著某株花草若有所思，看著看著出神。

二十五元與起酥肉鬆麵包

某個三十五度的正午，台大校園裡的陽光已經讓人熾熱難耐。我快步走進新生南路二段的速食店，點了個套餐之後，選了靠窗的位置坐下。

即使聽著音樂，還一邊滑手機，我依然注意到對面早就坐著一對情侶，過沒多久，左手邊又來了一位年約七十的婆婆。

她買了一杯咖啡、艱難地彎腰坐下。婆婆的腳看起來有些不便。

對面的情侶聊著天吃著薯條，我則一邊聽音樂，一邊左顧右盼。

窗外有灑水車經過，朝著人行道的草木灑了好幾秒的水花，在公車站牌後方躲太陽的兩個女孩，差幾個釐米就被那來得又快又急的水潑濕。

在我左邊的婆婆，雖然買了咖啡，卻一直都沒有喝一口，連拿起杯子都沒有，像是在等著什麼似的。驟地，一枚一元硬幣應聲落地。是婆婆掉了錢，我注意到她不便彎腰，就順手幫她撿了起來。

「謝謝！」

「不會！應該的。謝謝！」當下我不知道為甚麼自己，要說對婆婆說謝謝，謝謝她讓我有機會幫助她，嗎？

可能是我想太多了，不確定她是不是故意將硬幣落在地上吸引旁人的注意，就算是故意的也情有可原，畢竟在她周遭的人都「看似」享受在自己的小方格裡，沒注意到她呆坐在原地很久，有點無助。

「可以幫我到便利商店買一個二十五元的起酥肉鬆麵包嗎？我腳不方便。」婆婆終於開口，我像是早已料到她需要幫忙，沒猶豫地直接答應。

「我馬上回來。」婆婆給了我一團衛生紙，裡頭包著二十五元硬幣，包含剛才掉在地上的一元。

「原來婆婆是要吃麵包配咖啡呀！」我在心裡自言自語。

原來她是在等一個人伸出援手，原來不管那枚落地的硬幣是巧合或是故意，只要能幫助她完成這樣平淡的日常，都是一件如此震撼的事。

有可能我想多了，不過幫助這位婆婆確實是很令人開心的事。

「世界上有許多人，已經被時間或現實，摧毀了做夢的能力，我們這些還有能力的人，又有什麼資格經常抱怨生活的艱難？」替婆婆到便利商店的路上，我不斷思考。

年輕的我們夢想很大、大得不切實際、大得經常讓人在夢與現實的拉扯中窒息，經常幻想著要影響世界上很多很多的人，或是幹些甚麼大事來扭轉世界的軌道。那樣的自己很自信，同時也有狂傲和醜陋，做夢時也會在現實中遇到難題，遇到了就經常逃避、經常怯懦、經常躲進幻想世界裡找依靠。

「請你打開電視看看，多少人為生命在努力勇敢地走下去，我們是不是該知

足，珍惜一切，就算沒有擁有。」——周杰倫〈稻香〉

現實其實一點也不大。它可以小到一草一木、小到馬路上的人群、小到一位等著平淡中餐的婆婆。

「婆婆，這給妳！」

「謝謝你，你真好。」

「不會！應該的。謝謝！」我又說了一次謝謝。

謝謝那位婆婆讓我學會珍惜，即使只有一點也好。

「如果連眼前的人都救不了，那談什麼天下蒼生呢？」

腦海中浮現了《終極三國》裡，那句經典的台詞。

關於收穫

在這個時代，人們願意花幾秒鐘去了解一個人？

拿起手機滑過各式社群，隨意瀏覽以後按按讚和愛心，一瞬間的事。那瞬間能讓兩人之間有多少交流？

以前，不消幾百年的以前，就說十年吧。當時的創作之於現在，其實單純得多。網路逼出了更多的創作內容，創作者也會盡可能地用讓自己最舒服的方式，迎合大眾的口味。比起古代那些作品被埋沒在時代洪流裡的作家、詩人們，我們已經幸福許多，畢竟現在對於創作的解釋眾說紛紜，款式真假對錯好壞難辨，最終我們還是得學會在這樣的複雜裡，回歸那個簡單的自己，去跟隨自己喜歡的創作，進而創作自己的人生。

幸好，買下書代表你願意在我身上，花超過一瞬的時間來了解，這對我而言已是萬幸。我常和心中那個擁有萬千思緒的自己說：「你的創作若艱澀難懂，而因此孤獨終生，是命；但若因此而呼朋引伴，是幸。」

現在的世界過於複雜了，導致我也過於複雜。社群讓我們經常擔心，擔心寫了會有誰看見、會有多少人看見、被看見了會不會招惹些什麼不該招惹的人事物？除了享受創作本身，還得練習在更多關注中享受、在更多批評裡享受。

寫這本書的過程中，我經常想，能怎麼在創作時看見更好的自己？「你可以寫關於朋友的故事呀。」一位不錯的朋友曾經向我建議。「你能不能寫寫看，關於世代交流溝通的故事呀？」這本書的編輯也建議過我。我總覺得，有一天也能和他成為不錯的朋友。

「你好久沒寫NBA分析了耶！甚麼時候會寫？」那群喜歡籃球的朋友偶爾會這樣問我。

社會和我的周遭，會給我一些期許和盼望，在我無所適從時，提供我一些路徑。就像一位我很喜歡的創作者阿翰說的：「我覺得粉絲會在我沒哏的時候，把我帶到我應該去的地方。」

每個人都希望生活如噴泉般，日日夜夜都精彩絢麗，可生活真實的樣貌是，偶爾也會有如枯井，我想這就是人不能永遠孤獨的原因吧！

創作是我全然剖析自己的一種方式，不管是寫專欄，還是單純記錄生活，我都會把當下百分之百、甚至更多的自己投注進去。

而看著別人創作的你，想要獲得多少的收穫，取決於你對創作者敞開多少的自己。

有句話說：「你看到的東西，是你心中反映出來的樣子。」

如果你願意用一個不帶成見的新奇眼光，去看創作者五感裡的世界，你會發現即使一草一木，裡頭也有宇宙和天堂；如果你堅信的事物已經讓你盲目，那麼就算創作者剖開了自己的全宇宙，在你眼裡也有如砂土。

說到底就是交朋友而已。畢竟用五感去交流是人不可抹滅的本能，但學習用心卻得耗費良久。

隔著手機、電腦螢幕，我們與真實的世界之間，有太多太多一瞬間的鼓勵與傷害。你可以選擇在朋友面前稱讚他，隔著虛擬世界為什麼不行？你敢在虛擬世界詆毀陌生人、甚至是朋友，為什麼走進現實次元又是另一種嘴臉？

世界上有太多人，只想相信自己既有的觀點，而世界又是那麼恆常地在改變，每一秒的世界都是新的，我們對它又怎麼能不抱有恆常的懷疑與好奇？

這是創作人生，帶給我的啟發和收穫。只願不管我們在哪個次元創作自己的人生，都別活錯了世界。

關於同理

高二成年禮，老爸在給我的家書中，說我有「王者的氣度」和「慈悲的胸襟」。

當時我對於老爸這樣的稱讚，很是驕傲。因為我可以在糾察隊帶領很多人、可以在班上帶領很多人、課業上也表現斐然，還有一群不錯的朋友、一個很好的伴。

整體來說，我的高中生活還算是在舒適圈裡，過得光鮮亮麗。

升上大學之後的生活，我仍然在不斷了解老爸說的，王者的氣度，和慈悲的胸襟的意義。

現在，我不再是糾察隊長了，也不再是班級裡，課業或活動表現風光的那一顆星了，那一群不錯的朋友，也只剩下知心幾個、曾經很好的伴也離開了。即使這樣，到現在那時的驕傲還存有一些。

儘管生活中的種種可悲都在告訴我：「你不應該再為自己感到驕傲、你應該收斂你的鋒芒」，但我發覺自己，仍然在這樣矛盾的拉扯中完好地活著。即使多了一些缺憾，也不至於悽慘。

經常聽著毛不易的〈感覺自己是巨星〉，來想像自己是王者、是眾人景仰的光。

那道光足以照亮自己，也能指引別人，就像太陽一樣。

我知道，巨星本應該為自己生活得快樂、生活得豐盛，又受眾人景仰而感到驕傲，我知道。但巨星也有屬於巨星的絕望，王者也有王者的煩惱，而那些痛往往是仰望巨星的人們無法體會的。這時慈悲和善良或許就是鑰匙。

「不愛我就拉倒」的情懷

周杰倫的新歌〈不愛我就拉倒〉給了我很多啟發。不只是歌曲本身，還有它揚起的一地塵土，讓我看見巨星如何面對自己、如何面對世界的轟鳴。

凌晨，鎖定了周董推出新歌的時間開始聽，聽著聽著享受，也循環了好幾遍，曲子是一如既往經典的「周董風」。

但對於他即將面對的，排山倒海而來的批評，我毫無預警。

「這歌詞……我覺得不行。」我開始翻閱YouTube和Instagram的留言。

「天啊！這詞是怎麼回事？方文山呢？」原本以為只是個人喜好的表達，變成一些半調侃半嘲諷的刺耳。

「杰倫，你這樣是不思進取！」

「什麼『哥練的胸肌』啊?也太膚淺了吧!」

「就是因為愛你,所以希望你一直進步,結果你寫的是什麼東西?」

我真的可以理解「因為愛而有所期待」的心情,但天底下到底有多少人,打著「愛一個人,所以要他更好」的名義,卻在暗自行脣槍舌劍、酸言酸語之實?要不是有社群媒體,我們還真無法知道這世界的現實,竟有如此醜陋的一面。

或許對某一群體的人而言那是一種玩笑吧。但網路世界太大,大到擴展至同溫層以外的時候,玩笑就足以被渲染。眾人看個玩笑、點個讚、分享、人云亦云,營造一種千夫所指亦真亦假的象。

幸好還是有絕大多數的人,選擇靜靜地支持。

我嚮往這種支持。這種愛靜靜的、偶爾鼓勵幾句,即使偶爾批評,也會站在對方腳踩的世界,去告訴他「哪裡哪裡可以更好」。畢竟我們對於從未踏進的世界,縱然是一無所知,又怎麼能在看不見對方表情和反應的情況下,脫口而出那般的嘲諷?

開始寫作之後,就對於創作者的某些辛酸,有著一定程度的共鳴。我們能仰賴資訊的豐富去探索世界的美好,卻不是每個人都能在這樣的次元裡完好地探索自己。

所以他們選擇先指責別人,在一格又一格的小方框中,放個響屁轉身就走。

世界上從不缺抱怨和批評的人,但善良的人很缺。只願你胸懷中的愛,讓你對世界充滿期待，同時你手裡緊握的善良，讓你不致失望。

Shout out to Jay Chou.

你唱，不愛我就拉倒。你說，好膽你就麥造。

那些說你退步、不思進取的人們啊，我想對他們說，反正你又不是沒有人要。

「好膽你就麥造，好膽你就別再為他尖叫。」我在你的歌詞下一句，做個簡單的單押。

我一樣持續寫我覺得爽的、一樣打我的籃球、一樣玩我的英雄聯盟、一樣對喜歡的人唱〈告白氣球〉。就和你一樣。

至於他們同理與否，都殺不死我們。

關於隔閡與理解

大多數人眼中的憲哥，都應該是光鮮亮麗且如神一般的存在吧。

但在我眼中便不是了。我可以說我崇拜著他，同時也厭惡著。甚至在很多憲哥的學員、讀者、朋友把他當成神的同時，我有些嗤之以鼻。

正確來說，並不是厭惡他，而是厭惡那個貪婪的自己，那個自己眼中，同時有一個憲哥熱愛工作的身影，和其他身分融合起來的複雜樣子。

我該喜歡、該討厭的是哪種身分？是老爸、朋友，還是他在工作時神采奕奕的模樣？

這個問題或許永遠得不到解答。

在我貪心地想得到他所有樣貌時，這種厭惡感便油然而生。

我厭惡自己這樣的貪婪。

就因為相處的時間太長了，長到足以認識他的各種面貌、各種身分的取捨帶給他的矛盾，這是你們都認識不到，也沒機會認識到的。

同樣地，這種與家人、愛人理所應當的相處時光，才造就了貪婪，讓我們都忘記去珍惜。

旅行

美國圓夢之旅前的規劃過程中，憲哥對旅途細節的安排幾乎沒出什麼意見，只表示放手讓我們去做，如果他是和我們同行的其他朋友，而不是憲哥，也不是我老爸的話，我大概會恨死他吧。就像準備了五個月的小組報告，有個組員已經沒出什麼力在準備了，就連上台的短短幾分鐘，他也專注在他自己的事情上。

兩個星期的旅途，很多時候他寧可留在宿區，回覆他的工作訊息，也不願和我們去探索好吃的、好玩的。在大學，這樣的組員見怪不怪，但我們總有一樣的默契：「他或許真的是有其他很忙的事情吧？既然我們能力足夠，那就我們扛下來吧！」

因為體諒他五十歲的身子容易疲倦，體諒他為自己回國後的生活感到恐慌，那樣的壓力或許大到我無法想像、大到有些行程無法共享、大到我偶爾很失望。

這樣的體諒，最終也只會更加深心中的矛盾。

因為我也知道，如果沒有他，這趟旅行根本不能成立。畢竟部分和我一起出遊的同儕，都已經用自己辛苦掙的錢完成這趟旅行，但我還是靠爸掙的錢。旅途中也有很多很多的朋友，是靠著老爸牽線，才讓這趟兩週的旅行如此順利無阻又充實。

在這樣的感恩之下，有很多很多對憲哥身分無法排解的矛盾，得到一點紓解。

以前我總是很難接受也很難理解，他經常把錢掛在嘴邊，「有錢賺的工作才好」、「錢那麼少我幹嘛接」諸如此類的話。但後來才知道，這就是殘酷的現實，也是他現在，為了替自己減少演講量所設下的門檻。

我也有想過，或許就像他在給我的家書中提到的，在我還沒出生時，走過的苦日子讓他接受了現實。同時，他不想讓我再吃一次那樣的苦，才如此拚命地工作、拚命到忘記取捨與家人相處的點滴。

老爸常說，看著我就像看著當年二十歲的自己。其實有時看著他，我也會想起某些時候的我，而且是令人討厭的那一面。那時因為忙於追尋夢想、追尋虛無縹緲的認可，而忽略重要的人的感受的那個我。

現在想起來，那時候的我真的很討厭呢，光鮮亮麗得令人厭惡。

寫下這篇的心情是五味雜陳的。既理解、感恩、寬慰，又是無奈、矛盾、虧欠，以及一點不知所措。

或許就如林海音的《城南舊事》所言：「人生就像是一塊拼圖，認識一個人越久越深，這幅圖就越完整。但它始終無法看到全部，因為每一個人都是一個謎，沒必要看透，卻總也看不完。」

有時認識一個人，只認識一部分，也算是一種幸福了。

就和懂事一樣。

關於老派與脆弱

很習慣地在對方踏上公車前，給一個kiss bye、很習慣地讓對方走馬路內側、很習慣地默默不說話，只靜靜看著對方什麼也不想。

幻想著已經和她攜手二、三十年，只要一個眼神就能溝通，多麼老派。

老派說想你、老派說愛你、老派說謀利挖ㄟ係。

老派地像是七、八十年代NBA的細肩球衣、高於膝二十公分的球褲、現在回頭看很俗的白色長襪。

老派地沒有華麗三分球、老派地用生硬的肢體接觸。老派得很真。

這般老派的劇情，竟是發生在我們的小時候。

當時並非喜歡老派的愛情，而是我理解的愛情就只有那樣了。

學爸爸媽媽的簡單互動，他們就算不是老夫老妻，也比青少年有經驗得多。可惜了五十歲和二十歲的愛情本就不該並提，麵包也沒正式加入愛情的戰局。也可惜，愛這回事不像籃球，不能用戰術版構思策略，有時也難以言語清晰表達。

關於愛的很多事都很模糊，模糊到眼裡只有對方，加上些許世俗的眼光。

或許也有清晰的愛吧，但清晰也是從模糊中顛簸換來的。

其實後來的我們，大可大剌剌地在街上擁抱，學習新潮、學習世俗的眼光，世俗到天亮只剩害羞靦腆，最後只好躲在暗處牽牽小手，時間久了或四下無人，再做些雙方不法的勾當。

是因為不夠認識自己、沒有足夠的信心，才會非常在乎旁人的眼光嗎？

我想並非那樣。

可能是天生的敏感，敏感到內心容易喜怒哀樂、世界容易震盪不安、容易因為一句話或一個四目相接的餘溫搞得天翻地覆。

或被橋面反射的街燈吸引，或被苦澀的巧克力聖代治癒疲憊，順便回味生活的甘甜；或被車底的貓狗兒勾起好奇，或被巷弄口的情侶牽起回憶。

或以街口的老舊冰箱，當成該轉彎的提醒。

照常那樣，想起她的衣裳、想起放學後的球場她默默坐在邊線，看著我從三分線出手球進、想起曾經白頭偕老的諾言、想起分開後才意識到的過往幸福。

直到現在我還是敏感的族群。沉默、瘋狂、焦慮、愁緒、憂鬱，都不足以形容我們這些敏感人的日常遭遇。

這也是為什麼，不論富貴貧賤，愛都依然存在的原因吧。只要有敏銳有脆弱，面對並且承認，愛就正在傳遞。

關於承認脆弱

在他們本人承認之前，你從沒想過原來年薪千萬美金的暴龍隊球星DeMar DeRozan竟是憂鬱症患者，更從未料到身長七呎的騎士隊硬漢Kevin Love也受恐慌症所苦。而他們也在公開的社群平台分享自己的遭遇。

這個世代再也沒有永遠的正能量了。

前人太偉大，留下太多優秀的傳統，而傳統應當是一種鼓勵吧！然而此時卻有一句歌詞在耳邊響起：

「我想要說的，前人們都說過了，我想要做的，有錢人都做過了。」草東沒有派對如此嘶吼著，嘶吼著八年級以降的可悲可嘆，嘶吼著黑暗、嘶吼著脆弱、嘶吼著無可奈何。

但世界並沒有因此而墮落，反而會更好的吧。

因為只有曾經難過的人，才能撫慰難過的人。不論以什麼形式，他想將品嚐過的失落，消化成溫暖的段落，等你傷心時點播。

關於你我的分裂

一直都很佩服，被稱作「璀璨的五彩筆」的余光中先生，能夠右手寫詩，左手寫散文。

第一次看到余光中的文章，應該是國中課本的〈母難日〉吧。後來也在《白玉苦瓜》中讀了幾首膾炙人口的詩作。

一個人得在寫作上花費多少時間，才能像他一樣，將這兩種文體都發揮得淋漓盡致？我想那些振筆疾書的時光只有他自己知道。

同樣的道理，我在自己的寫作經驗中也得到印證。

撰寫運動專欄時，大多讀者看重的是清晰明確的觀點，進而引發迴響與討論。但在NBA專欄這個圈子裡，即使你可以用自己的話說，說出來的大多數都是別人的故事，而不是自己的。

有時候我會想，這可能不是我唯一想寫的。於是後來就經常把自己的故事連結在球星的故事裡，有時求的是一種寄託，有時是希望得到理解。但這並不是「那群人」想要的。他們會說：「你的故事，干我屁事？」

幸好，這本書是上天賜予我的良機，讓我可以展現自己的獨特，寫我自己的故事，裡頭有過去、現在和未來。從前總想著，要成為像某個明星一樣的存在，現在我總算能好好地在這本書裡愛惜自己，成為自己心中獨特的巨星。

這樣的獨特或許不完美吧，或許也會有不怎麼喜歡自己的時候吧。或許永遠都沒辦法成為自己崇拜偶像的樣子，但在憧憬與現實的交疊之中，我們總會找到屬於自己的那條路。

「願多年後的我們，能深深愛上被年輕修修改改的自己。」——張西《你走慢了我的時間》

關於分裂的我

我，有善感細膩的我，也有幽默詼諧的我。有喜愛籃球的我，也有深邃沉靜的我。

經常覺得自己的內心住著好幾個靈魂在爭搶房間與棉被，吵得歡樂又吵得瘋癲，那樣的我是分裂的、是如此單純又複雜的、是如此狂喜又悲哀的，在有幸體驗千百種不同的感受後，我漸漸把這些自己拼湊在一起，成為一個分裂卻完整獨特的我。

這個時代是最好的時代，資訊繽紛色彩斑斕，但當一種新穎的事物擺在人們面前，部分的人是不願意接受的，甚至會指著屬於某人的心血攻訐，以自己認為對的概念當作唯一的真理。

這個時代也是最壞的時代。

他們能很輕蔑地，對你所擁有的一切說三道四，無聊地做些點評後甩頭離去。只有你自己知道，照射你的絢爛的光，背後的影子是靈魂深處，低沉絕望的轟鳴與吶喊。

他們能很醜陋地，質疑你費了九牛二虎掙到的果實，是否依賴任何形式的作弊。只有你自己知道，那是數以千百計的晝夜堆疊出來的山，山下有萬千你不得已捨棄的東西。

他們能很隨便地，用一個數字或標籤代表你、定義你，以偏概全地很血腥。只有你自己知道，他們所看到的你的樣子，只是冰山一角。

因為你的分裂，是與生俱來的真實。

「當你很假，他們會討厭你，但如果你很真，他們會更討厭你。」（They hate you when you fake, but hate you more if you real.）——DeMarcus Cousins

善感細膩的我，以一些作家與攝影師，當作和自己最接近的榜樣。

幽默詼諧的我，經常以相聲、喜劇，或脫口秀演員，培養自己很多很多生活的樂趣。

喜愛籃球的我，以所有我景仰的NBA球員，和身邊一些厲害的同學為模板，勤奮揮汗。

深邃沉靜的我，仍在一邊做著夢，一邊思考自己、修改自己，偶爾唱唱歌、寫點押韻的詞，取悅著自己，也正一步一步向咫尺天涯的明天前進。

真實的人生，是如此分裂又豐盛啊。待我們逐漸看透人生最真實的樣子，才值得擁有最真實的自己。

如張西的那句話：「沒有遇見生活最現實的樣子，怎麼扛得起自己完整的人生。」

不過無論是哪種創作，哪種角色的我，只有不斷地從挫折中磨練，才值得擁有前進的動力。如同余光中先生所說的那一句話：「靈感啊，它不會找上懶惰的人。」

善感細膩的我，是我。幽默詼諧的我，是我。喜愛籃球的我，是我。深邃沉靜的我，是我。我正在成為那個喜愛所有分裂自我的人，願你也能。

關於我與我的科系

抉擇與未來

這大概是許多高中生，或是為人父母會有興趣的主題，或許，也會最想知道我有什麼建議吧。然而我並不能、也沒那個資格給你們確切的答案。

關於你們啊，孩子們啊，人生的重要抉擇，即使做了些數據和適性分析、聽了聽學長姐的意見、受了點爸媽或老師的勸阻，你還是得自己做決定，對於你心中真正喜好，並且有一定把握度的事情，都值得選擇並放手一搏。

我知道，以上的話有一部分是不負責任的以偏概全，畢竟不是每個人都擁有那麼幸福的依靠，但也正因為這樣，擁有幸福的人更應該把握，向世界學習，並持續充滿好奇。

關於逼不得已

「我覺得……最後我可能還是得去警大。」她在做出決定前，對我語重心長地說。我知道這代表我和她極有可能會走向大相逕庭的未來。

工商管理學系，刑事警察學系。

挑戰十八歲的遊戲任務關卡，生活給了我們「分開」這個選項，但被我們自動跳過了。

「我支持妳的決定。」我知道她的家裡，或許必須為經濟狀況考量。在馬斯洛金字塔的滿足中，似乎還沒有最頂端「自我實現」的可能。對於愛和支持，我確信當時的自己是心甘情願力挺她去挑戰。

她也說，那時我的支持給她莫大的勇氣。

當時是這麼想的，但後來我才知道，每一條路都會有自我實現的可能，而滿溢的愛就是追尋自我實現的基底。

直到我們真的分開以前，交談的最後幾句話，都在連忙地虧欠和道謝。

道謝我們陪伴彼此，在這美好的青春年華，

虧欠我們無法延續我們的青春。

即使最後我們還是分開了、即使當時我們看過的生活很淺很近，未來也並不很清晰，但只要我們還能思考、還能好好生活，總有走出那條路的一天。

沒有一段冤枉路，會是人生真正的冤枉。

如果當初

這世界上不存在「如果當初」的命題。

「如果Stephen Curry在三十年前打球」

「如果周董和五月天在這樣的現代出道」

「如果我能再珍惜、再重視某些人一點點」

會不會故事仍然經典、會不會世界因此如何如何的假設性問答，都不可能存在。

就像自幼就嚮往舞台的我，在走進大學時並沒有足夠的堅定為內心的狂熱選擇；就像總天馬行空的我，默默被環境摺疊起叛逆。

如果再堅定、如果再叛逆一點，或許我現在會是戲劇系、傳播系、心理系、中文系，或哲學系的學生，而不是工管系。

台灣大學，工商管理學系

工商管理學系，一個之於十八歲的我看似很近，實際上卻很遠的名字。

很近是因為，我知道爸爸學管理，學了管理可能可以變得像他。很遠是因為，即使我預習了此科系所學，我仍隱隱有種「我還是不知道自己的未來在哪」的感覺。

在工管系兩年了，學了一些管理的理論和基本能力科目，瀏覽了一些教科書、看了一些學術名詞，偶爾很是認同、偶爾也會厭惡。

成本、利潤、應付帳款、線性規劃、消費者剩餘、大數據、資料庫……

種種讓我覺得「即使世界上沒有這些依然可以很好，甚至更善良一些」的名詞，但某部分的我也告訴自己，其實並不是如此啊。

畢竟如果沒有它們，現在的生活或許不會如此便捷順暢，還有這麼多的幸福。

我在大學所學的管理，和現在正在做的，記錄和書寫，好像是兩種截然不同的事，它們經常在我心中產生一種矛盾的對立、是現實與夢想的交替。但我總告訴自己，這兩者是可以共存的，就像我和所有心中的矛盾共存一樣。

經常在上課時，有那麼一瞬間，我覺得教授胡扯一通，甚至對眼前所學的一切恨之入骨。

「為什麼能把一個又一個這麼動人的故事，壓縮成一兩種數字和圖表解讀？」

「為什麼一條一條的直線能夠完好地假設人的感性不存在？」

「為什麼理論的缺陷如此龐大？為什麼總有一天會被推翻的理論我還得學會？」

種種我在工管系上課的日常、寫也寫不完的自問自答，或許就是自己選擇這個科系最大的禮物吧，因為它帶我找到真正喜歡的自己，這個矛盾的自己。

我偶爾討厭那些理論，卻又清楚知道它必須存在。就像我們偶爾討厭生活，卻還是得生活。

因為生活中儘管充滿無趣的日常，但總有好事會發生的。

很多人喜歡給管院學生貼上「elite」的標籤，貼上「未來一定是大老闆級人物」的、充滿諷刺的崇拜，貼上「他們一定很擅長社交」的偉大情操。但不論在哪個科系，都會有以上這些標籤中的人物會在未來出現吧。因為每個人都是不同的。

例如在我觀察的工管系裡，有接了數個家教，而對教育充滿熱忱的學長，有熱愛在書店打工的朋友，還有網路和程式語言大師，也有許多對藝術瘋狂的人，還有一個熱愛書寫記錄、熱愛籃球、熱愛音樂的我。

一開始我和很多人一樣，會對這科系裡的人充滿成見，直到一個一個觀察、認識之後，才知道每個人有每個人好的地方，也都值得自己學習。

一直以來我都是這樣的矛盾。總自信地先以為自己正確，下一刻卻又用另一種思考模式擊敗前一刻的自己。這不就是人生的常態？

某種程度來說，選擇了工管系對天生矛盾的我來說，也是一種思想拉扯的訓練吧。

對於現實的生活，與自己熱愛事情的拉扯。很殘酷吧。但目前為止，我還挺喜歡這裡的。

籌辦之夜兩三事：平凡

在一個練舞的晚上，沒想到那個女孩哭了。

那女孩是我們這次桃友之夜的男舞負責人，對，是男舞。一開始在名單上看到一個女生的名字，還是大一新鮮人，自告奮勇負責帶表演，不免有些訝異，畢竟負責人都是大二以上居多。不過知道她曾經是高中熱舞社的社長後，也就不覺得奇怪了。

她是個挺平凡的女孩，第一次帶大家練舞時，不太熟識，也還不太敢指揮大家移動，畢竟在一群男生中間，總覺得這或多或少，會給她帶來壓力。不過後來兩個月的練舞時光，大家都慢慢和她有交流之後，她就慢慢開始展現真實且特別的一面了。

小波的眼淚

她經常拿著一個可愛的娃娃，對著它說話。

「小波，我們在練舞，你乖乖待在那！」對，那個娃娃的名字是小波，就是天線寶寶裡頭那個小波。

接著還會模擬它的聲音回答她自己。

「嗚嗚嗚好……」

第一次見到她這樣時，其實有些驚訝，但後來回頭想想，那個「小波」如果是她自己的一部分，也不會很奇怪吧？每個人不都有分裂的本質嗎？

某種程度就像我和小狼的關係一樣。我們會互相對話。

一些朋友在一開始認識她時，會覺得小波遠看很可愛，但一拿近看，卻會覺得有些詭異。我也曾經試圖和小波的眼睛對視過，總會不小心被那個空靈的眼神擊敗。

即使這樣，朋友們依然都能接受這樣，愛著小波的她。就好像我們初識一些朋友，隨著時間越久、交情越深，就會看見許多優點和缺陷，那些都是身為人對立且分裂，卻又能共同存在的面向。

後來我才透過她本人得知，小波已經跟著她很久很久了。用這樣的方式「與自己對話」，讓她看起來和別人很不一樣。我猜想，小波對她而言，一定已經是生命不可或缺的一部分了吧。

有一次星期四的練舞，熱身前，我發現她沒什麼精神，說話也有氣無力的。

「嘿！妳是不是心情不好哇？看起來沒什麼精神。」我們團裡另一個女孩，在開始練舞後大約半小時，終於開口問她，身為表演的一員我有些緊張，但身為總召的我，卻也鬆了一口氣。

「最近和男朋友吵架了，而且系上真的好忙、好多事情要做，桃友會這邊總感覺什麼事都做不好……而且他、他今天一整天都不太想理我……」說著說著她有些哽咽，慢慢走到練舞室的牆邊，眼淚潸潸落下。

團裡加她，總共有三個女生。另外兩個女孩，帶她到練舞室外的椅子坐下，我先是在一旁看著，後來也坐到她們旁邊。

「妳知道嗎？其實妳男朋友很擔心妳，擔心壓力太大會讓妳生病、情緒不穩。他前幾天還傳了訊息給我，叫我們之夜這邊不要派給妳太多事情耶。」我原本不想說的，怕說了又害他們吵得更兇。不過總算藉著這樣的氣氛說了出口，不知道是對還錯。

因為收到她男朋友訊息的當下，我是滿驚訝的，畢竟事情也是女孩自己選擇接下的，不單是我們指派的啊。所以看到她哭，我真的壓力山大。

但後來想想，她男朋友或許是真的不知道該怎麼辦，才會來找我拜託。

「所有以愛為出發點的爭執都是甜蜜。」我突然想到了這一句話，在一旁用手機記下，不免也想起了一些往事。

那女孩的自我要求很高，想把每一件工作都做好，包括帶大家練舞、包括顧及她另一半的感受，這點在她身上，我看見了一點自己的影子。或許那天、那一個恰好的氛圍，足以讓我們把施加在自己身上的壓力釋放出來吧。

「嘿！大家，今天自行練習，我們讓小波回宿舍休息！」今天夠了。即使沒有達到練習進度，那天的氣氛也真的夠了，不適合讓繼續練下去，於是我擺起總召的架勢說話。

有時我只單純是表演團的一員，有時我又得擺起架子變成總召，才能帶領大家。在這樣的身分間不斷轉換、轉換、轉換，雖然挺累人的，但也是一種學習課。

後來，我又切換回一個脆弱的孩子，呆坐在練舞室外的椅子上。一個我在桃友會的死黨，見我坐在椅子上若有所思，跑來找我聊天。

「唉！誰沒有壓力啊……誰事情不多呢？我也很想哭啊！」我說。

這幾句話只是純屬抱怨，因為我知道只有他在我旁邊，我才能放下總召的身分肆意說話。當時的我只是我自己、脆弱的我自己。

「這幾個月我一直面對一樣的情緒，想把書寫好、想把之夜辦好、想把課業顧好、想維繫舊雨結交新知。我知道這本書是我的『半處女作』，我想讓世界看見我的才能，所以我會把百分之百的自己投注在這裡，才可能寫進我當下最真實的樣子。但同時，我也要帶領之夜前進，系上也一樣有課業、有活動，有很多很多的責任和義務要取捨，回到家還是一個人睡，經常沒人能說話聊天，我可不可以也大哭一場？」那天我大概說了這些，用一種調侃自己的語氣。

當然最後我沒哭，因為和那個死黨對話的白痴過程，總會讓我噗哧好幾笑，就這樣被治癒，也很幸福。其實說真的，他是個很棒的傾聽者，總會靜靜地聽我抱怨完再說話。

雖然我們都在自己的宇宙裡，有著不為人知的嚮往，和難以傾訴的悲傷、雖然偶爾會在生活中，被自己面對生活的態度和自我要求給封鎖起來；雖然被它逼著，把軟弱隱藏、逼著看似堅強，後果經常是一個被輾得粉碎的自己。但幸運的是，我們的身邊依然有這麼多在背後支持我們的人，當我們倒下，他們會接住我們，並且說：「嘿！你還有我啊！」

感謝桃友之夜，感謝桃友之夜所有的你們，是你們在顛沛流離的宇宙接住了我，我才能將軟弱結成繭、才能在恐懼裡將靈魂安放。所以我也會試圖在現實中、在文字的大海裡接住你們。雖然我並不是如你們所想那麼堅強，但我也不會永遠軟弱。

「我所以為的悲傷，其實都在太多的幸運之上。我所以為的難受，其實都仍帶著驕縱。」——張西《你走慢了我的時間》

籌辦之夜兩三事：朝朝暮暮

處理完之夜的一些瑣事，煩人的自我要求使人焦慮，這讓晚上十點以後的中正公園，顯得特別迷人。

燈全數暗下的球場和一旁車燈流竄的柏油路，給人一種強烈的對比感，正適合當時的我，在那兒排解焦慮。

球場邊，殘留一點混合菸味和專屬於球場的汗味，滿地盡是離去的球友留下的菸蒂、瓶瓶罐罐、各式各樣的垃圾。

凡方正球場線以外之處，都髒亂得可以。

燈暗之前

其實早在晚餐時間，我就經過球場，知道那是下班下課，球場的尖峰時段，人群約一、兩百人，幾乎都是上班族和學生。三分之一在球場上穿梭飛跳，三分之二在場下喝水、聊天、休息、滑手機。

原本蓄勢待發，但處理完瑣事的焦慮讓我並不想大喇喇地混入人群中，報隊打球，於是決定先回家。

八點半我重回球場，場燈依然亮著，人數依然不減，我也依然不想處在當下那個氛圍。於是戴起耳機，開始播放純音樂的檔案，拿起兩顆球，在球場與球場的界線中間站穩馬步，按照Stephen Curry平時賽前的運球練習，試圖在那樣的喧囂中取得一絲專注與平靜。

在純粹的音樂中，一邊讓身體取得運球的節奏和直覺，一邊四處張望、觀賞環繞著我的好幾組三打三精彩鬥牛。

不下半小時，汗就滴滿了我站的那個小圈圈，彷彿重回了糾察訓練的時光，那個短時間進行各式體能操練的時光，只有屬於一個人的「流汗園地」。多麼簡單。

十點了，球場上的八盞大燈逐漸暗去，鬥牛的人群也漸漸離開球場。菸蒂被留下、垃圾被留下，公園阿伯佝僂著身子，從遠方提著垃圾袋緩緩走過，開始清理球場。而我，開始在幾乎看不見球和籃框的球場上投籃，想像自己是Klay Thompson在暗室中，靠著長久訓練來的肌肉記憶出手，奢望百發百中。

我充滿信心地感覺自己，已經快要在那個熟悉的球場，抓握熟悉的籃球，達到Klay 那樣的投籃標準。即使球場很暗，看不太到籃框，但當天的球感是挺好的，一個人投籃的時光也挺好的，有安靜的球場和吵雜的馬路。

晚上十點之前，公園球場的人群歡鬧，歡鬧得煩人，就好像我們不得不在一個又一個的方格中，接收世界給的資訊，疲勞轟炸不得安寧，只能刻意取得專注。

晚上十點之後，暗暗的球場給人的孤獨和矛盾感就迷人許多。這裡沒有人了，我不用接收訊息，沒有關注與追蹤，是非黑白也不再模糊，只有球進與不進的飛行軌跡。

這兒很安靜，安靜到運球、出手、球應聲入網的聲響，都足以是全宇宙的震盪。然而我絲毫未覺，汗水已浸濕了身體，是否有些荒唐？

忘記在哪兒讀到這句話：

「訓練你的心智，身體自然會跟上。」（Train your mind, then your body will follow.）

焦慮訓練日記

不斷地面向籃框，盡可能地用同一種標準的投球姿勢出手，是我面對焦慮時排解的方式。或者說，只要碰到籃球，加上一點音樂流了點汗之後，心情就能很容易地放鬆下來。我想每個人都應該有屬於自己排解焦慮的方式吧，特別是在壓力大的一段時期，更需要規律地釋放。

每當糾結於「工作怎麼做都做不好、做不完」的緊張與焦慮感，總會有那麼一件事讓你一碰到，就什麼煩惱都拋於九霄，可能是玩手遊、可能是運動、可能是購物、可能是閱讀這本書，種種之於許多人類都還是幸福的消遣。

我們日日夜夜，都渴望在夢想的路上往前一點，這樣的自我要求使人緊張、焦慮，更甚者如某些NBA球員們染上憂鬱，此時若能擁有一些鬆弛的時光，也是幸福快樂的。

「兩情若是久長時，又豈在朝朝暮暮？」腦海裡突然浮現這句詞，用它來形容對夢想的堅持，與偶爾鬆弛的神經，不也很是合適？

啊。又想起了一段老歌的詞和旋律。

「啊哈，給我一杯忘情水，換我一生不傷悲。」

籌辦之夜兩三事：圓夢

時間是二〇一八年五月二十六日，早上六點四十分。

高中畢業之後，多久沒那麼早起了啊。

從永和的房間聽到手機鬧鐘響，看了看時間，竟然已經到了這天，如夢似幻。

「橫豎準備了三、四個月，不差這一天早起。」

梳洗了一下，把髮泥和一些表演用的妝髮整理整理，趕緊出門。我告訴自己要是第一個到場的那個。

「靠！沒帶到鑰匙！」

「幹！衣服少帶一件啦！」

「媽的！冷氣又忘記關……」

我來來回回走了三次，沒想到自己竟然如此焦慮。

第一次籌辦台大的之夜，也很可能是最後一次。有很多事情我並不那麼熟悉，甚至到了現場，連活動中心的辦公室在哪兒都找不著。

彩排

「一切順利、一切順利。」

打開活動中心禮堂大門的那一刻，我告訴自己，今天一切都會照計畫進行的。

想也知道不太可能。

但彩排的所有流程竟都比我想像中的順利。舞的走位、燈光、音效，樂團的聲音平衡，戲劇的排演和情緒堆疊，以及一些幕後人員的運作、幫忙化妝的朋友，都好順利好順利，讓我在晚上六點表演正式開始前，慢慢地放下心。甚至還能想一些鼓勵大家的話，如工管之夜總召阿三那樣提振大家士氣。

六點一到，觀眾已經漸漸入場，找到位置坐下。

我胸有成竹準備站上舞台，為開場發言。

「歡迎各位觀眾的蒞臨，桃友之夜即將在一分鐘後正式開始，請享受今天的活動和表演！」

接著是三分鐘的寂靜。

明明一切都該開始的。

開場是一段約六分鐘長的小短劇，我們預計六點整準時開始播放。影片卻沒有聲音。

「彩排都試好了啊！怎麼會這樣？」

影片發生問題的當下挺錯愕的，腦袋一片空白又沒經驗，明明身為總召應該先解決場內些許的躁動，我卻自己在舞台前後徘徊整整三分鐘。

「你趕快去說個笑話啊！」我在桃友會的某個死黨說。

「天啊，笑話，我竟然連個緊急應變的笑話都生不出來。這才是個大笑話吧。」我還在嘲笑自己，想不出怎麼解決問題。

「趕快去跟大家說一點話吧，什麼都行。」副召阿瑾沒有試圖安撫我的情緒，因為當時大家都很緊張。一如她既往說話直接的方式，把我丟了出去，或許這對我而言才是最好的鎮定劑。

上場就對了。

「關鍵時刻的超級球星哪有什麼時間讓人安慰啊，出手投籃都來不及了！」我告訴自己。

我開始向台下的觀眾說話，一如每次在糾察訓練完之後，其實沒準備講什麼，就跟學弟隨便亂喇賽那樣說話，因為我是隊長啊，想講什麼就講什麼，反正他們眼中我是巨星。

我的台風本來就算是穩健，我告訴自己。

「明明曾經那麼有能力，你還隱藏什麼？」

然後影片有聲音了。

呼。

我慢慢退到後台，臨場的壓力已經讓我有點崩潰，不知道自己身為總召竟然一度無法應付這樣的突發狀況。很想找人傾訴，但我知道自己要振作，在這個時刻自己不能有一絲遲疑和抱怨。

球現在在你的手上，你的球隊落後兩分，你站在三分線後一步，你還不出手讓球隊取得領先，在猶豫什麼？

「現在所有表演往後延遲約七分鐘，請注意時間，大家加油。」我把訊息傳到工作人員群組，還算是穩定軍心吧，我想。

延遲就延遲了。

看著搞笑的開場影片，慢慢恢復平靜。那幾分鐘似乎聽到幾個人在安撫我，忘了，有些人叫我別緊張、放輕鬆，但我其實沒聽得很清楚，心情早已平靜許多。

真的給自己很大的壓力，表演時，歌聲還是因此受了影響，沒有彩排唱得好，和我合唱的女孩也這麼說。

唱〈前面路口停〉，有一段沒排過的走位，比想像中順利。

唱〈水星記〉，以一段即興而為的開場詞自嘲一番，反而獲得一點點喝采。

於是我想起自己以前在帶糾察學弟時說的話。

「你們所有的練習，只是盡可能減少正式上場的錯誤，儘管錯誤是必定會發生的。」

這次不管是開場、舞、樂團，還是劇，其實都有一些小缺點，比如影片沒聲音、比如舞步跳錯一點、比如歌聲不夠宏亮有點小破音、比如台詞少念。這些我自己也犯了不少。

但時間依然在走，你唯一能做的就是繼續往前。其中有些人的臨場反應厲害到讓我佩服，比如在劇中飾演瑞德的碩之。

「失誤就失誤了，你還有隊友、還有下一波進攻可以出手，調整好節奏吧。」

自己的兩個表演結束後，找了個位子坐下稍微休息，雖然那些表演早已「監工」好多次，但感動依然在心裡不一樣的角落震盪。

看了看表演聊了聊天，心情就慢慢平復下來。

正如我在謝幕時說的，有缺陷和遺憾的回憶最有魅力，這大概是我對這次桃夜的概括吧，還有人生。

之夜結束前的感性時間好像說了很多謝謝。總之謝謝這裡的所有人，是你們一起撐起了桃友之夜。

公關長羽平、行銷長豎笛、美宣長瑞彬，從各式抽獎品到宣傳、布置，完整了舞台。

財務長羽涵，負責管一些讓人煩擾的數字。

場務長翔宇、其敏，管控幕前幕後的器材、燈光、音效、影片。

當然還有副召阿瑾，大三的妳比我多一次活動經驗，教我很多也幫我很多。

對每個人的感謝，說也說不完，但我也只能說謝謝。

相信這樣的感動會隨著時間越久越深的，我想我會深深地存放在心裡，每當未來沮喪了、徬徨了，再找個時機把回憶翻找出來，向內心傾訴。

未來不知道會走向什麼路，至少我們一起唱了歌、跳了舞，在幕的前前後後穿梭，寫了一段故事。

謝謝你一起唱完這首歌，

謝謝你一起跳完這支舞，
謝謝你一起演完這齣戲，
謝謝你一起在這裡。
這場夢，我們一起圓了。不論MVP是誰，冠軍是屬於每一個人的。

在你最糟的時候……

一個人二十年能走過幾次低谷呢？

大大小小的可能無數，如同生命中的快樂那樣無數。

但時間總會替你篩選掉那些躲在棉被裡杞人憂天、細得如沙的夜晚。

篩了篩，只會留下那些巨石。那些足以撼動你生命的、曾經砸碎你的。

如果有那麼一兩個大石頭，曾經讓你跌落過絕望無助的深淵，一兩天好眠也化解不開，也不是和三五好友打屁聊天就能拋至九霄。

但是過了很久很久以後，你發現它真的很重要，它塑造你的人格。

最深刻的兩次低谷

和人相處是終生必得學習，卻也學不完的功課，我的這兩件深刻的回憶恰巧都與此相關。

第一件是在十一歲的時候，小學五年級吧。

當時爸媽都忙於工作，從我上了小學就將我送到離家近的安親班，讓我放學後可以待在那兒。寫作業、和同學玩。那個地方我待了六年，有一群很棒的玩伴，可以一起在樓梯間玩耍、奔跑。當時最好的兩個朋友，我猜想，如果沒有發生這件事，我們到現在都不會失去聯絡，或許吧。

「這件事」發生在一個放學後的下午，天氣很熱，安親班的冷氣和電扇只能稍微減緩一點沸騰的情緒。我們一群小朋友寫完作業，在教室裡的一台箱型電視（當時液晶還不普及）上玩起Wii的網球遊戲，享受悠閒的下午。

一群人圍在電視前，其實聽不太到教室外的聲音。這時，安親班的王老師叫了我的名字，一聲、兩聲、三聲，我聽到了但不想回應，正玩得欣喜。

後來老師的語氣漸漸帶了點憤怒，我才不耐煩地衝出教室，同時推了人群中的某些人，大喊：「白痴哦，走開啦！」

這是事後同學口述的事發經過，其實我根本忘了當時發生的事。

後來一直到畢業前，那兩個「朋友」再沒和我交談過，甚至沒看過我一眼。除此之外，他們倆的高人氣讓其他人也連帶疏遠了我。

後來回憶起，其實很可愛也可笑。這大概算是某種程度上的人際霸凌，但當時的我只歸咎於自己。從那件事以後，我的個性也改變很多。

小時候總有那麼一點點細碎的小事，會帶走一些重大的回憶。

那段時光我其實到現在還很不願回憶，因為它讓我原先熱愛的地方，變成一個如地獄般的所在。那裡的所有人，原本喜歡我，但經過那件事，好像都對著我冷嘲熱諷、指指點點。他們不願接近我，他們厭惡我。這讓當時心智不很成熟的我，起了一些不該有的念頭，甚至將這樣的心態帶到了中學，導致我與人相處時充滿戒心，似乎突然從一個極度自信，變成極度自卑的孩子。

這件事讓我變成一個被動的人，至少在與人相處上是如此，不過也讓我在國中時，遇見一位知己好友。

我和他都很愛看ＮＢＡ，那時兩人都不怎麼融入團體，卻經常一起大聊籃球，也一起玩線上遊戲。

至今他在花蓮讀書，我們依然至少半年見面一次。

不論你是怎樣的一個人，碰上怎樣的遭遇，總會有人愛你，所以請別放棄自己。

低谷與救贖

第二個最糟的時候，就是升上大二的暑假了。

那時失戀對我來說，就如同一個孩子遇上地震一般地恐慌無助，不只是重要的人突然離開，也驟地多出了一大把時間，不知如何消遣，好像得重新探索這個世界一樣。

不過籃球帶我找到了信仰。

當時花了很多時間閱讀國外論壇的NBA球星故事，有遭遇心臟重大手術的Jeff Green，有差點吸毒致死的Lamar Odom，還有為了夢想走過曲折道路的David Nwaba。

這些或許都不是知名巨星的故事，但我依然將它們翻成中文，寫成專欄文章，讓它們成為我的養分，也成為當時絕望的救贖。

至今為止，每當厭世絕望時，籃球依然是我的出口。不論是自己在安靜的地方揮灑汗水、投籃訓練，或是閱讀球星故事，都能拯救我的心靈。

如果這些最糟的時候，都是上帝給我的試煉，那麼我慶幸我走過了，也體驗了其中的美好。

優敗人生

還有一個小故事想分享，發生在我從美國回來之後。

在台大，一人一台腳踏車是常態。大一剛入學時我買了一台，升大二的暑假就因為沒鎖牢被偷了，所以大二剛開學又買了一台。

在去美國之前，我把我的「第二春」鎖得妥妥的，放在我常停的路口。回來之後，又不見了。

罵的。

老實說，出國兩個星期根本很難追車子的去向。「它可能是不小心被移出來就被拖走了。也有可能是真的被偷。」我在心裡給自己好幾個可能的答案，卻都沒有再追查下去，好像想暗自瀟灑地接受車子再次消失的事實。

腳踏車不見之後，校園內點跟點之間的移動都會變得很不方便，這種感覺，台大的學生絕對會懂。

有時我乾脆走路，有時候會騎Ubike，都比不上騎自己的車來得方便。我很常告訴自己，在校園裡如果能夠慢慢地移動，其實可以看滿多風景的，慢慢地，還能夠想很多事情。

這是真的，就像那些會把台大當成旅遊景點的觀光客一樣。

在失去腳踏車之後，我就經常把自己當成來台大旅行的人，騎著Ubike，騎著騎著，優雅地接受車子被偷的窘境。

「什麼，你沒有車哦？那我先跟他回去哦，掰掰。」

沒車之後才知道，當有些朋友需要Free ride，但你無法給予的時候，他們轉了身就離開。

對於這樣偶爾的無助，和對朋友的微小失望，也只能在優敗人生中慢慢釋懷。

低谷，救贖，坦然，優雅。

敬我的優敗人生。

你知道，煩惱總會解決煩惱

你並不是那麼無可取代，你的生活也是。

那段戀情剛結束時，先嘗試用一點酒精麻醉自己，再用大量不安穩的睡眠治癒，接著再將自己硬是抽離那個環境。

這該是多數人的處方箋吧。

生活像是遊戲裡階段性的任務。我們會遇見許多NPC，給了你一些該完成的、該得到的目標，接著讓你去生活裡體驗、遊蕩，回頭完成任務之後，和NPC道別。有些NPC不那麼重要，有些NPC則會讓你永生難忘，有些甚至在道別之後，你還會好幾次想起，他給你的任務在你遊戲人生中，給了你多少經驗值，又占了多大一份比重。

比如，在她堅決離開我的那兩個月裡，我向家人傾訴、向朋友傾訴，讓他們看見我內心深處很是脆弱的那面。同時我才發現，那些人原來仍在我生命中切實地活著。接納這些人們的幫助，我才走出那一段艱難的時光。

比如，從前只知道失去會在生命裡深刻，卻不知道失去是如此地痛，更不知道原來能在失去裡如此地獲得。

比如，去年暑假，去了一趟陽明大學辦的人文醫學營。在一個遊戲中，我們都對了一群「陌生人」娓娓道來自己的故事。我不知道當時怎麼能把自己這麼脆弱的一面展現給一群不熟識的人，或許是氣氛使然，或許是我終於找到了出口。

後來我們小隊十三個人，沒有像我以前參加的幾個營隊那樣曲終人散了。我們還一起去了一些地方玩，偶爾也會約約吃飯聊聊天。

因為那段過去而擁有了新的時光、新的朋友、新的欣賞的女孩，也因此有了新的情感糾結，新的對生活的渺小控訴。

人醫營小隊的某個朋友就曾經在我陷入糾結循環時，對我這麼說：

「我覺得啊，人千萬不要活在後悔裡頭。」

「可是總是會偶然想起，這樣算是活在後悔裡頭嗎？」

沒一下子，我給了自己一個近乎完好的答案：「如果你讓它趕走了現在的好事，那真的就不好了。」

生活有時很悲哀，卻也悲哀得很有趣。有時候並不是單純糾結在煩惱，而是糾結在「自己竟然解決不了這個煩惱」這般自負的循環裡跳脫不出。

當下需要的也不是解決煩惱的處方箋，只是需要一個傾倒煩惱的出口，然後我們只要繼續向前走，就會遇見新的生活、新的好事、新的煩惱。

「我覺得你總有一天，會成為像張西那樣的人。」那天聊到最後，她對我說。一開始我有些困惑，她怎麼會對我有這樣的期待。

這句話在我的解讀裡，是「成為像她一樣善感的人」。

「她是真心這麼覺得吧！」我在心中默默肯定我倆的真心以待，我知道她會對我說真話，不是隨便講講。

我們這一生，先追求著別人的光，再去尋找自己可能的光。我們總不想成為別人，卻在無形中有了別人的影子，可能是眼神、談吐，也可能是投籃姿勢，或性格特質。這些分裂的、別人的特質，默默地完整了我們自己的樣子。

然而，我並不知道自己能不能如她所說的那樣好。或許得在生活裡紮實地去走、去看、去聽、去想，等到生活完整了我們的時間，我們就足以完整自己。

可不可以不要一百分？

人們在文明之中，不得已地訂定了許多標準和分類，也創造了許多價值與比較。有些標準維繫著地球的穩定，有些則框限著。

種族、國家、階級，有錢人與窮人。

考試、班級、學校，成績好的與差的。

這麼多年來，我大概是屬於老師們眼中那「成績好的好學生」吧。小時候總為此自豪，因為這樣的特質讓我得到不少關注，但越來越長大之後，才漸漸對這樣的標籤感到厭煩，甚至嗤之以鼻。

「哇！你是台大的哦！你一定很厲害！」聽到這種讚嘆不免覺得醜陋，並為那些身在不同大學的、同樣獨特優秀的朋友感到不值。

我沒辦法自傲地用「我代表所有年輕人」的語氣來寫下這段文字，也沒那個能力去扭轉部分社會對「唯有讀書高」的看法，只是對於我這個叛逆的靈魂來說，不經意地思考這些問題似乎成了我的本命。

我的叛逆在十八歲以前，也是被框限著的。何其有幸，來到了一個思想相對自由開放的學府，練習思考、練習把自己從那個框框裡揪出來，去學習欣賞這個更大更寬闊的世界。

有一次，我和媽媽、舅舅、外婆一起到賣場採購，在車上，外婆問起我在大學的生活。

「霖霖啊！住學校宿舍不好嗎？怎麼跑去永和，還一個人住？」外婆是我幼時除了爸媽和弟弟以外最親近的人了，所以我完全能理解她的殷切關心，也想好好地回應。

「因為在宿舍裡，要和室友配合生活習慣總有一些不方便的地方，不是不能接受，只是想體驗看看不同的生活啊。」我很誠實地道出想法。

「有什麼好配合的呢？在大學不就讀完書，大家都會準時睡覺嗎？」聽到外婆這個問題，不免喟嘆。

「有些人喜歡玩音樂、有些人喜歡打電動、有些人辦活動到很晚、有些人很認真在讀書呀！每個人都有不一樣的厲害之處，不是只有讀書哦！」

那時我才知道，原來這些既有的價值觀，是如此影響著與我們親近的長輩們啊，原來小時候的自己也是在這樣的框框裡長大，成績好的小孩就是乖小孩，成績不好的經常挨罵。

我很幸運地成了前者，某種程度也是不幸。

幸好，這樣的框框帶我來到一個可以揮別不幸的地方。我開始做著自己喜歡的事，是自由；也喜歡著自己做的事，是幸運。練習揮別那個「寧為雞首，不為牛後」的自負，在我喜歡的領域築夢踏實，也在自己不甚喜歡的話題中，向別人學習。

不把一切我現在所能做的、所擁有的，當作理所當然，是唯一面對這般幸運的方式。因為知道，有好多好多的人，還在通往自由的路上抗爭。

當然偶爾偶爾，也有想不透的時候啊，我的完美主義經常告訴自己：「我能不能全部都拿一百分？」

「能不能考試也考一百分、寫文章也寫到一百分、辦活動也辦一百分、唱歌也一百分？」

在一個課業、活動、文章蠟燭三頭燒的夜晚，我一邊敲打著鍵盤完成一篇一篇的短文，一邊煩惱著沒完成的作業和活動待辦事項，一邊沉沉睡去，這個自問並沒有得到自答，也算是一種坦然的答案了。

那是一個沒有和煦暖陽，也沒有朝露的清晨，陽光一束束地穿過窗，我知道我該醒來了，但我沒有勇氣把燈打開面對新的一天，又將眼睛閉上。

我做了一場夢，正確來說是半夢半醒中，床上有一個背包，背包裡裝了好多條紅色繩子。

我多麼盼望、也竭盡全力，將它們排列整齊、塞回包包，可終究不能得償所願。它們一條一條地散落在包包外，我不知道該抽出哪幾條、放回哪幾條，珍惜哪幾條又捨棄哪幾條。

半夢半醒中我吶喊、啜泣，沉重的書包依然在那裡，開著口，像是全世界都在竊竊嘲笑我的無助。

那是一個沒有萬里晴空，也沒有濛濛細雨的早晨，陽光已經灑落，我知道我該醒來，面對這有希望也有絕望的，嶄新的一天。

「寫作的好處在於，生活裡所有的廢墟都自成風景。」——七堇年《被窩是青春的墳墓》

朋友一生一起走

「學長，請問糾察隊是個怎樣的地方啊？」

可樂是我在糾察的其中一位學弟，高中時我們曾經搭同一路校車回家。有次他有點靦腆、用著生硬的禮貌性用語問我，關於糾察。

「因為我最近看了糾察隊的招生影片，覺得有點好奇……所以……」

我直接打斷他的話，開始向他介紹，某種程度上我心裡很是興奮。

因為他是我當隊長任內，第一個交流的學弟，也是除了招生影片外的第一次，關於糾察的、切實的熱血談話。

畢竟是第一次交流，我心想應當擺出一點學長的架勢，但又怕有失親切感，所以向他分享的時候，我的語氣不斷調整。

「糾察在學校是個服務性的團體，需要消耗非常多的時間、體力和精神，還有各種艱難的訓練菜單。這條路不好走，但學長也是走過一年才當上隊長，所以如果你不害怕、又願意付出的話，就來吧！」我介紹的其實很簡短，可能因為當時的感觸也還不夠深刻吧。

一年後的同一時間，可樂當上了糾察幹部。

當他向我提起關於第一天的邀請，以及一年來我對他的鼓勵，我的記憶甚至有點模糊，反而是被他真摯的感恩喚起一些當初的感動。那時我才發現，原來能透過話語和簡單的互動，影響身邊的人，是一件感動如此久長的事呀。

「一開始我體能超爛的，連一個伏地挺身都做不起來耶！」他開始跟我說起，從第一天進糾察的事。聽到他這樣跟我說著，覺得是好氣又好笑，因為我自己一開始好像也是如此，很爛、很廢，不過還不是當上了隊長，還有了這麼多跟我一樣熱血的學弟妹？

「因為我一直記得，當初學長在校車上邀我入糾察所說的那些，叫我如果不怕就來啊。我就不想認輸嘛，就算訓練一次比一次加重，有幾次我真的感覺手快廢了、腳快斷了、快撐不下去了、想要放棄了，但還是不想辜負你的邀請和鼓勵，就一直撐著，走到了這裡。」

我有好幾分鐘靜靜聽他說話、沒打斷他，聽他分享自己在糾察的心路歷程，心頭一直溫溫熱熱的，想不到自己竟然能對一個人有這麼大的影響，儘管我們都還是如此平凡的學子。

「其實啊，我平常鼓勵你們的那些話，我自己有時候也做不到，卻還是硬要說出來鼓勵你們。因為我也是在說給自己聽，我也是在鼓舞自己。」

說出這句話的同時，我想自己已經卸下了當學長的威嚴和架勢，很單純地是在向朋友傾訴真摯的情感。雖然平常站在台上對學弟喊話時，都凶狠得可以，但在舞台之下，我們其實都很平凡、很脆弱。

畢竟並不是當了學長、做了幹部、有了頭銜就高枕無憂，我們依然有生活的日常煩惱。

一直到寫書的日子進入最後階段，我也常常想，自己其實並沒有任何資格去代表一個世代說話，畢竟即使年齡相仿，每個人都會有每個人的特質和價值觀的歧異，所以才有了分享這些朋友的故事的想法。

因為很慶幸、慶幸自己的身邊有那麼一些人，默默地被我影響、也影響著我。慶幸自己在所有孤獨的時刻裡，把那些不孤獨的片段拼湊起來，才擁有了此刻完整的自己。

在這個混亂的時代裡，一個人只要能夠代表自己，說出自己想說、該說的話，就已是莫大的榮耀和感動了吧。

「學長，請問糾察隊是個怎樣的地方啊？」可樂有次也被他的學弟問起一樣的問題，而我剛好就在旁邊聽。心中依然溫熱。

可樂現在大一，也同時是一個帶小孩子游泳的教練，很開心，我們都為了自己喜歡的事情樂此不疲，也都朝著自己的目標不斷努力。

我想，那股不服輸的糾察魂，都一直在我們心中沒有熄滅吧。

「啊，當時我忘記跟你說了，復旦糾察隊就像是一個家。不過我想也不需要說了，你應該已經感覺到了。」

給弟弟

希望當你看見這篇文章時，這一字一句裡所有的回憶，都能成為你現在的寶藏。

畢業快兩年了，「每年校慶都回來看看」是我從復旦畢業後想持續完成的事。很慶幸有你，讓我還有足夠充分的理由，兩年都回來關心一下糾察，也能順利完成這個給自己的任務，算是一圓小小夢想了。

慢慢地完成這些事之後，讓我更確信自己想堅持這項任務的意義。

人們常說，十年算一個世代，但在資訊飛快擾攘的現今，三、五年的世代隔閡就足夠深了，深到人與人之間成見長存，深到我們會給每個世代貼上標籤，深到好像一些統計數據就能代表一群人的所有，多麼淺薄。

對我來說，人的群體不分世代。每個人都是不同個體、來自不同的成長背景、不同的時光，對一個人的了解需要破除成見、需要帶著好奇心去觀察，觀察每一個人的獨特。

畢業這兩年在糾察，我覺得自己慢慢做到了。

「學長，真的很謝謝你願意回來教導我們，你對我們說的話真的都很受用！」當我正要從校慶離開時，一位已是準大學新鮮人的學弟，用一種混雜著崇拜眼光和感恩的語氣對我說。

「還有啊學長，我已經上了台大土木系！」

其實原本和這個學弟沒什麼交集，只是因為回來看看糾察，而莫名連結了起來。

「是哦！那恭喜你耶！記得要來桃友會玩哦！」受到誇讚或崇拜時，其實心裡是竊喜的，但總表現得很靦腆，因為總有某部分的自己，覺得還承受不住他的崇拜和感恩，即使我經常把自己當成巨星在看待，但是那是對自己的期望，而不是假想的別人的眼光。

未來的三年、五年、十年，不論自己會成為怎樣的人，我期許自己持續為這個成長的地方有所貢獻，也讓這裡的學弟妹都能承襲我們在糾察學習下來的精神，在大學或更遠的未來好好生活。

二〇一八年校慶，你們跟三年前的我們一樣，要成為校慶旗隊的一員，但也不一樣，因為你們是獨一無二的你們。在你們上戰場之前，和戰役結束之後的喊話，信鈞（我學弟）和政瑜（我學弟的學弟）講的每一句，都讓我沒什麼好補充的了。

他們講的話，讓我很確定他們是我學弟沒錯，哈哈，這就是傳承的意義吧。

只是很單純地想告訴你，放下頭盔、卸下裝備之後，你依然是戰士，也依然有舞台下平凡的時光，和其他人一樣。只是當時在戰場上的你們，因為過去付出的所有努力、流下的汗、揮霍的時光，而值得所有人的注目和掌聲。

要記得，未來也同樣有平凡的日常，面對它並不需要表象的裝備和徽章，更不需要旗隊所學的腳步，而是在糾察這段時間訓練的，你流完汗、受了傷也依然的堅強，你面對世俗的眼光也依然擇善固執的心，還有和你一起共患難的夥伴。

頭盔和鎧甲會離開你，糾察的訓練和各式各樣的徽章都會離開你，唯一不會離開你的，是你身旁的夥伴，還有成長過的你自己。

多年以後你會像我一樣，連當年耍得自然的裝備都抓不太穩，但你和你的夥伴一起走過的路、流過的汗犯過的錯，一起訓練、歡笑落淚、暢談心事的時光，你會記得。

很常想，其實我們並不太熟。

即使許多年前，還會在舊家的走廊一起玩一些奇怪的遊戲、打打鬧鬧不可開交，但越長大之後的我們，喜歡的東西變得很不一樣，共通點越來越少，也很少深聊什麼。

我不太了解現在的你，你或許也不太理解現在的我。但很高興，我們都一樣喜歡糾察、喜歡這裡的氣氛、喜歡這裡相關的所有人、喜歡這裡帶來的精神。

這讓我有一個可以和你共同維繫的青春歲月，即使有三年的平行，依然覺得珍貴。

畢業以後，偶爾回想在糾察的日子、偶爾也回來看看，也才發現原來當時的自己竟然禁得起如此艱難的東西，重要的就是夥伴和自己的堅強啊。

其實我和你也算是夥伴。一種血濃於水的甜蜜負擔。

小時候家人總說，你搶了我的食物、發育得比我好，但最近我才發現，自己也搶了你不少東西。包括一些師長的目光、包括我比你先跑的，兩年半的時日，這讓某些你比我更好的特質，被壓在我留的影子底下。

但夥伴之間或許沒有搶與不搶的問題吧，也沒有「哥哥一定要是弟弟的榜樣」這回事。

我們一起接收爸媽和其他長輩給我們的愛，一起接受周遭給我們的眼光。

那些沒給我的給了你、沒給你的給了我，不也算是一種榮辱與共嗎？

或許我是你的榜樣，但有時候你的特質也給了我莫大的鼓舞。

你是一個比我更勇於挑戰、勇於探索，對於自己喜歡的事更執著的人。未來有很多條路要選，不會再像走旗隊那一條筆直的路一樣容易，訓練的菜單也不再一成不變。人生中許多迫切的選擇，也不會仁慈地給你三個月的練習時間。

生活會越來越難，像不同季節的風，偶爾吹得讓你溫暖舒適，偶爾也會使你冰冷刺骨，但在這樣的笑淚交替中，生活會有更大的滿足。

不只是透過文字告訴你而已，我自己也正在學習。

糾察旗隊是你十七歲青春的一個紀錄，它告訴你，你曾經走過這段時光：有艱難、迷惘、困惑、錯誤、滿足。它會是你揭開人生序幕的其中一份禮物盒，你不一定得現在打開，或許說，即使現在打開，也不見得了解這份禮物給你的意義。

而是當你在未來遇到任何無從下手的，更艱難的日常時，只要回想起這段時光，它就會成為你最大的禮物了。

就像這篇送給你的文章一樣，不論你走到多遠的地方，它都會給你力量。

回家吧。致我們熱愛運動的血液

如果全壘打是變了心的女朋友
三分球就讓女朋友馬上回來

對身在台灣的球迷來說，NBA是一天的開始，生氣蓬勃、充滿激情與活力，中華職棒則是一天的結束，下班下課後消遣消遣，配著正好的夕陽和疲累的身軀。

老爸看職棒時，總會不小心睡著。處理完公事坐在沙發，有時一局未完他鼾聲就起，看他厚實肚腩搭配著如雷呼吸起起伏伏，還以為是在看八點檔或聽靈魂樂呢。

明明在那個世界是高潮迭起，在他的世界卻了無漣漪。

「這一球飛到了左外野，很遠、很遠！」台灣不論是籃球或棒球主播，激動時都帶有一些內斂。老爸則繼續沉沉睡著毫無動靜、鼾聲依舊。絲毫不如我在看NBA時那般激動。

「Steph Curry FROM WAY DOWNTOWN~~~ BANG!」

美國的主播和球評們播報球賽總是充滿激情，即使在他們那兒通常是晚上比賽，語調也毫無保留地高昂。

聽到他們滿是激動的播報，我總會用手比劃著三分球手勢，像個孩子看見爸媽買玩具回家一樣，從長板凳上跳起。

我偶爾會想，會不會自己看了三十年的NBA以後，也會像老爸這樣看著看著睡著，螢幕內外彷彿兩個世界？

如果是早上的話，不可能吧。才剛起床呢。

想想老爸會睡著，或許是因為台灣的棒球隊越來越少、對戰組合總是那些：統一、Lamigo、兄弟、悍將，就好像NBA迷連續看了四年的總冠軍賽「勇騎對決」那樣乏味吧！

即使覺得乏味，還不是在看嘛。

也或許是因為剛處理完工作的關係，真的累。

他總是這樣。工作、看球、睡著、吃晚飯、睡著、工作。

「爸，能不能別總是工作？」

「爸，能否陪我看看籃球？就像我們以前一起看棒球一樣？」

「爸，偶爾我們也出去玩玩看看好嗎？去一些你不愛去的、人多的地方走走？」

要不是此書的編輯給了我「問老爸幾個問題吧」的任務，我還真不想發問。關於這些暗藏在我心裡好久好久的命題，彷彿在老爸心中永遠回答不出。

我一直都知道，這些問題不是是非題，也不是選擇題。所以乾脆不問。我知道，這些問題讓他花一輩子也回答不清。

像看球久了的感受一樣。有很多事情難以言傳。賭盤啊、操弄啊、弊端啊、放水啊等等不光采、不那麼美麗的事，進入我們的眼光參了一腳，像愛一個人的眼睛戴上了成見的鏡片，明明起初會慷慨激昂也會難掩失望，到最後情緒平淡只能刻意為難。

我想就是因為純愛，才激昂、才難掩激動和失望吧。但對生活如果都只有宛如初見的純愛，好像都無法成長，也無法認識更豐富的樣貌吧。

當純愛摻雜世故，快樂和悲傷、猶豫和堅定都變得深且大，我們迷惘時經常問卜求助，但親身體驗的感受永遠大過他人言傳的強度。

二十來歲的我們，混雜了純與不純，經常很是難堪矛盾。即使我不能代表世代發言，但完完全全能代表矛盾的群體說話。

有朋友說我心智年齡成熟，三十歲吧，有時覺得沒錯，可碰到籃球和音樂的我就像個天真的小孩，三歲，還保有創造力和瘋狂。

有朋友說我安靜，可我唱起歌來像個瘋子。

有朋友說我可靠，可我在自己的世界裡經常玻璃心。

人啊在世上最難的是，了解了世故卻不世故，即使長大變得蒼老，心裡仍有個靈魂依然年少。

我想目前為止我都保有得不錯。

「爸，能否給年輕人什麼建議？」即使現在年輕一代的人早已能透過網路懂得很多很多。

「爸，如果我們沒有一起寫書，會不會陌生如舊？」這問題該是肯定的。

我寫不出董玉方〈父親寫的散文詩〉的年代感和沉重、唱不出李宗盛〈新寫的舊歌〉那樣看似坦然卻曾經絕望的情感。

但我們一起寫完這本書了。

或許你永遠達不到偶像謝長亨的人氣，或許我的投籃永遠不可能準如Stephen

Curry。

或許你不是一百分的老爸，我也不是一百分的兒子，但在任何的兩人關係中，兩個五十分的結合可能才是最真實人生的樣子。

畢竟我們倆都是如此平凡的人。

然而，關於一起寫書、一起創作這回事，是世界上萬千父子盼都盼不到的幸運啊。

謝謝美好又殘缺的世界。

全壘打飛了很久
快到牆外
已經看得見盡頭
它在下墜

三分球投出去了
會進嗎
再讓它飛一會兒
它還在飛

〈後記〉

一半

大學生活真的過去一半了。

想一想你這一年過得挺不容易。跨過了好幾道心裡的坎、也做了一些突破。

從籃球寫作上收穫良多。理性分析、感性體悟，兼容的故事。你仰賴小狼這個身分，結交了不少跟你一樣熱愛NBA的朋友。

從南昌路到竹林路，你流浪。從兩個人吃披薩到一個人吃滷味。你離開了一些人，喜歡了一些人，又不得不錯過一些人。

一半美好，一半遺憾。於是這場激烈的流浪，幫助你完成了這本書的樣子。

創作裡，你在一個人和一群人的狀態之間交替，在身分與身分自我要求的時刻成了瘋子。

以前你的夢在溫室裡備受關照與保護，你以為溫室裡的光就是你接收的所有養分，你管窺、你自滿、你失去。

現在的你，主動砍殺自己，以一種可愛的方式讓夢流血。夢的皮膚破了好深一道傷口，你知道那就是它最接近你的心，最接近世道的面貌，是夢想最真實的樣子。

有不少人鼓勵你，也有一些人看衰你。

你看著來自他們，浪花一般的留言沖刷，開始學會讓稱羨與抨擊，都成為助力。

你知道，方格留言中的認可與攻訐，永遠是雙面刃、是無止盡的黑洞。要是一頭鑽入依賴成癮，它就是星星衰退後的真正死亡。

比起網路次元中的一切，你更要把握那些看盡了你苦痛，還切實在你身旁的人們，切實的愛。

即使他們都擁有自己的運轉，也不忘在軌道接近時給你擊掌或擁抱。那些人的陪伴才真有如星星。

你要在他們從你生命中衰亡之前，好好珍惜、擁抱他們。

你也有嚮往的烏托邦。

為了抵達那兒，你要在時間河裡揀選木材和石塊，仰賴你的創作，繼續打磨、鋸斷、剖開自己。將所有元素以一種自己喜愛的方式分裂再嵌合，慢慢地、慢慢地搭建一座橋。

待橋建好之後，尚且能安穩地走。

即使你的夢會斷續、會變更、會隨著時間河沖刷而有新的凹陷與堆積，但橋上的過程是連貫的。踩著橋板走了一段路後你會發現，深刻回憶從不是烏托邦給的，而是橋上每一次吱吱啞啞危機的聲響，讓你記住自己走過的路。

圖像和影像席捲著、顛覆著你所看的世界，讓你認識世界更深、更廣，讓你笑開讓你思考讓你哽咽。有人說文字已飽和、已衰退，但你仍要選擇繼續相信、喜愛文字。

文字會攙扶你安渡搖晃的世道，在夢境裡揭開天馬行空的簾幕，替你在幕前包裝好禮品，回到現實為你佩戴、陳列，搭建舒展的舞台。

你要一階一階，走向文字的舞台，如果能搭配一點音樂，就更好。你知道你將會成為巨星。

當簾幕緩緩升起時，你要學會成為陽光。白晝時在高廈叢林、草原沙漠中給人能量；夜晚時，找月亮反射你的光，繼續為那些愛你的人照耀。

創作是孤獨的、是揮灑的是恐懼的、是封閉的是自在的、是把感受放大再縮小自我的。即使需要那麼那麼多澎湃的內心世界，你也不可能在缺乏生活的狀態，永遠靈感如泉、自在揮灑，你不能因為恐懼而永遠閉門創作。

你不能永遠孤獨。

任明信說，專心寫作時，生活像一層灰；專心生活時，文字也不過是一層灰。寫作和生活是如此密不可分卻又截然不同，你知道，你也在學習著專心生活、專心創作。

你要能走入人群也能隻身，你要能揮灑筆墨也能侃侃而談，你要能閉關修煉也能出門展現。

你要永遠保持一半的狀態，找尋你的另外一半。

這本書，對我也只是一半。

內容一半、狀態一半、身分一半，卻是由兩個一半的人一起完成的，多麼美好的事。

這將是我的第〇・五本書。

謝謝。

我是小狼，我是謝易霖。

哦然後，大學生活應該是過一半啦，不是五分之二也不是三分之一哦。

致深深愛過的失與得

我們都在青春裡，既懵懂又晝夜在乎，既徬徨又愛得堅定。

有些人能將青春延續，但我們卻在青春的尾巴無言以對。

我知道我們都必須做出決定，在當時。可我猶豫良久，是妳斷尾求生。讓我的身體停頓，停頓了好久、不動也無感。可尾巴卻在哭，哭得轟烈又糾結、哭得糜爛又平淡。

好久好久以後，終於將尾巴撿起來妥善包裝，如同孩子把沾了血的舊牙，收進小盒子珍藏。

我們都在新的喜歡裡匍匐前進，即使那些微渺的喜歡都遠不及愛，還是能從其中找回一點自己。

我們常打趣地說青春已死，其實不然。青春的我們只是用我們無法想像的方式活著，等待死灰復燃。

我已經將身體修復，也正在找新的尾巴，希望妳也能。

後來的我們與青春闊別，而我已是現在的我，希望妳也已經成為妳想要的自己。

「年少不知愛，知愛不少年。」——〈老男孩〉

給J。

〈後記〉

這些重要的人與事

如果你問我，養育易霖到二十歲，有些什麼想法和建議可以分享，綜合我的經驗，可以歸納成以下幾點，供讀者參考。

首先，你必須先知道你的孩子是一個什麼樣的人，而且，千萬不要用自己過去的經驗做判斷，因為他雖然是你生的，但是他的個性、天賦與愛好有可能跟你一樣，也可能不太一樣。

比方說，我喜歡唱歌，易霖也喜歡唱歌，而且唱得比我好；我數學好，他數學也好，這可能也是遺傳，而且他的數學表現青出於藍。

但我們也有些不一樣，例如，我國文不好，他國文很好；我以前文章寫得不好，之所以能夠寫書，其實是後天練就的文筆，但易霖才二十歲就能寫出目前的水準，我認為除了他願意苦練之外，多少是有點語文方面的天賦。此外，他很會念書，我沒有他那麼會念書；他幾乎每個學科的課業表現都很優秀，但我除了數學以外，國文、物理、化學、地理、歷史都沒他厲害。

認真的爸爸，不只六十分

就因為每個人的資質不同，所以父母親最好不要為孩子規劃一條希望他去走的路，而是觀察他具有什麼樣的特質、對什麼有興趣，讓他順著自己的天性去發展天賦，父母只要順勢推波助瀾即可。

當孩子順著他的天賦與興趣發展時，父母從旁輕輕推他一把，他就可以走得更穩更好，這遠比強迫他去念他所不喜歡的醫科、工科……，效果來得更好，也更省力。

其次，就如我在這本書中多次提到的，別給孩子取之不盡的資源。

面對一個哭鬧的孩子，直接給他糖、給他錢、給他手機或平板電腦，你可以輕易讓他不哭。但是，養育孩子，究竟要順著他或逆著他，這是為人父母者的修練，因為父母必須抵抗自己的慣性和惰性，面對孩子哭鬧時，不給糖、不給錢、不給手機或平板，這是最難的。

第三，陪伴是非常重要的。雖然我因為工作忙碌，不能天天陪在孩子身邊，但是，凡是和孩子有關的重要活動，不論是比賽、畢業典禮、校慶……，我從不缺席。

我自認在教育孩子方面，大部分做得不是頂好，雖然我覺得自己有認真做一個爸爸，但頂多只能得到六十分。儘管如此，我會盡力把時間留下來參加孩子們的重要活動，或是全家一起出遊，這一點我覺得自己做得還不錯。

家庭支持系統非常重要

此外，擁有家庭的支持系統，對孩子的成長是有幫助的。我岳父岳母在我和老婆各自忙於工作時，為我們撐起了教養孩子的責任，對此我滿懷感恩之心。

我岳父和易霖相差七十歲，特別疼外孫，對待孩子多半採取讚美、鼓勵的方式；至於岳母對待外孫，那就更是無以復加的好，如果易霖未來能有任何人生成就，第一個要感謝的就是外公外婆。

第五，我想談的是易霖和他弟弟之間的互動。弟弟很敬重哥哥，哥哥說東，弟弟不敢說西，因此把哥哥教育好，他就會成為弟弟的標竿和學習對象。

他們兄弟總是互相陪伴、互相學習、互相砥礪，我覺得這樣的兄弟情在家庭中是很可貴的。

因為很重要，所以寫成書

最後談談我老婆。由於易霖出生時，我們有很重的經濟壓力，兩人都得工作，也沒有太多時間陪著易霖成長，這一點一直讓我老婆感到很愧疚。直到二〇一〇年五月底，因為我的工作比較穩定了，她才辭去工作，留在家裡專心照顧兩個兒子。

尤其是弟弟，我老婆幾乎花了百分之百的時間照顧他，也因此，她心中對易霖更感到虧欠。

但是，我想對易霖說，你媽媽其實也為你犧牲了很多，你真的要好好感謝媽媽，因為她給了你完整的家庭教育與學業支持。雖然我們在你的功課上沒有幫上太多忙，但是媽媽在你的生活教育和日常管理上扮演了很重要的角色。

至於我，我希望我這個父親能成為你人生中的一盞明燈，在未來職業生涯發展過程中遇上阻礙、迷失方向時，都能為你指引出一條道路。

或許你不認為我是一盞明燈，也或許你認為我是一盞不斷閃爍的霓虹燈。不論如何，我能做的就是繼續為你們點一盞燈。也許我做得不夠好，但我會繼續努力。

不管你是否想成為像我一樣的人，我都想告訴你們，我從來也沒想過我會成為如今的我。人生有許多事情在意料之外，但對我來說，什麼都可以放棄，只有我跟你之間的感情與父子關係，是不能放棄也無法取代的。

透過這本書，我們可以互相傾訴、吐露父子間從未說出口的心聲，對我的人生具有很重大的意義。尤其是在我五十歲，你二十時的當下，你的人生正要起飛，而我的人生邁向另一個階段，這本書對我格外有意義，相信對你也是。

〈後記〉

父親與我

復旦高中　謝易軒

望著講台上父親的身影，屏幕上一張張用心製作的投影片，父親渾厚高亢的嗓音鎮壓了我的睡意。當課程到了尾聲，台下的我才發覺：我現在才真正認識「我的父親」。

我不敢說我的父親異於其他父親，因為在家中的他不過也做著普通人的例行公事，一樣是會吃飯、睡覺、看電視，有時甚至為了電視節目而徹夜不眠，他沒有什麼不同，這是我的父親。唯一不同的是我的父親是講師，有著比其他父親更好的口才，有著比其他父親更多的活力，更有著比其他父親嚴重的職業病。

長時間握著麥克風導致手腕瘀血，長時間站立導致膝蓋受損，長時間的課程更導致泌尿系統出現異常……，許多症狀直衝著他而來，但在家中總是一副沒事的樣子，讓青少年的我覺得這些病不過是小病，對他來說沒有太大的影響。

這是我的父親。在家中的時間總是很少，甚至沒什麼時間跟家人聊天，難得早歸的時候，也只是放下包包、坐上沙發，打開電視看中華職棒，而我也只是在房間讀書不打擾他精彩的棒球時光。這也是我的父親。一度以為家中的他就是全部的他，那看來真的不怎麼特別，甚至覺得不像個會關心兒子和家庭的父親，滿滿的抱怨湧上心頭。

「你要去聽我的演講嗎？」父親問道。

腦中浮現了一個問題：「父親的演講內容是什麼？」是這個邀約提醒了自己並沒有完全了解他，於是我毅然決然地同意了。

演講當天，我坐在台下看著台上的父親仔細檢查課程的每個環節，深怕出了些小差錯，那細心的模樣是我的父親。許多台下的學員走上台前和父親聊天，有些忠實粉絲更是熱情不已，那廣大的人脈是我的父親。上課時不時手腕使不出力、腳站不穩、想上廁所，我原本以為不怎麼樣的職業病無疑地影響了父親，但他奮力忍住一切堅持到最後，那個從小教我們要堅持的人是我的父親。

簡報中滿滿的是與家人過往的回憶，開心的、難過的，父親在用他自己的方式表達他對我們的感情，向他的學生表達自己與家人的回憶，坐在台下的我，哭了。哭是因為自己不夠了解他，我們在父親心中有個極度重要的位置，這個在講台上自信講出與家人豐富回憶的人，就是我的父親。

或許我不該用自己的角度評斷自己的父親，更不該傻傻地以為他所表現的一切就是他完整的樣子。若不是這場演講，或許我永遠也不會知道，我的父親是個如此不平凡的人，一切的感動其實就來自於與父親相處的每分每秒。

這是我的父親。

（本文為憲哥次子易軒高一作文比賽佳作作品）

〈易霖師長推薦〉

給易霖：

初遇　在你青澀的高一。

一個眼神堅定、面無表情的男孩。在擁有各式不同屬性，天馬行空揮灑想像與話語的班級中，沉靜在一角，空氣彷彿也在哪裡凝結，與周遭鬧哄哄的熱絡狀似連結，卻又獨立。

「嗯，應該是有思考力的孩子，能堅定自我，不受外界干擾，可以期待。希望有顆柔軟的心，不要只有自我，就更難得了。我想……」

果真，進入高中多采生活的你，讓我看到不同的面向：

國文課裡依然堅定的眼神，面部緊繃思考著，但多了些柔軟的表情……也許，在作者的際遇感懷中；也許，在文章餘韻情思裡……在你的文字裡，開始隱約透露內在的熱力。雖然，只能是迎合大考形式的文章模式，已能顯出你與同齡孩子不同的批判與深思。

記得那首動物詩〈豹〉，本想以此讓你們在龐大的考試壓力下來點調劑，藉此深入挖掘內心，思考自我，你們也真的發揮得不錯。那時的你，真的如「豹」，課業上不讓人操心，擁有自我步調，雖然也許不滿著沉重的現實，但依舊堅毅地做著該做的事，盡力投入職責，無論班長或糾察隊長，一步步走向該爆發的突襲。

再遇　在你奔放的大二。

外表依舊沉靜謙虛，更多了份輕鬆與自在，大學視野的開闊、生活自主的歷練，從你的文字裡，著實感受到男孩的成長。高中時內在的細膩激昂仍在，但更多了回歸真實的平緩，能在機會來臨時抓住，又從舞台昂揚中沉澱，了解夢想的實際面，又不餒地繼續前行。

喜歡你書中的幾段文字：

「我正在成為那個喜愛所有分裂自我的人，願你也能。」

「在生活裡紮實地去走、去看、去聽、去想，等到生活完整了我們的時間，我們就足以完整自己。」

是啊！生活即是如此。

恭喜！二十歲的你，在輕狂的年少能有如此貼近底線的認知，透過你的文字影響身邊的人，創造更多感動。「小狼」的企圖熱力將比豹更強，你行的！

最後。

欣羨你跟憲哥的父子交流，雖有世代差異，卻不見鴻溝，彼此都能朝對方跨一步，真摯樸實的親情自然流露，同為家長身分的我，真的也在學習中。

真誠推薦給所有家長們跟憲哥一起理解自己的孩子，所有青少年跟小狼一同認識自己的父母，共創兩世代的美好。

曼慈老師　二〇一八年七月

認識易霖是從二〇一三年的暑假開始。一個捨棄武陵科學班，選擇復旦的學霸。即使擁有傲人成績，高中社團表現仍然淋漓盡致，擔任糾察隊隊長帶領一群熱愛服務的學弟妹。在班級中，公共事務參與也從沒少他，擔任班長及其他班級幹部，充滿沉靜的領導力。高二校慶掌旗，他是四、五千人注目的焦點。

高中導師三年陪他經歷年少，轉眼在台大讀了兩年，竟然要出書了！

易霖，你的成長我有參與，是老師的驕傲。

惠貞老師　二〇一八年七月

〈易霖友人推薦〉

我必須慶幸一件事，還好你沒有取卍煞氣a小狼卍這種筆名，不然我肯定會重新審視我們之間的關係。

最早認識你是在國三時，那段因學校政策而不用考基測的日子。可惜的是，那時候跟你之間的記憶早已淡忘，只依稀記得從第一次的交談那種預感——這傢伙會跟我很投緣呢。

果然，高中三年下來，我們看著彼此歡笑、悲傷、徬徨，滿足、忌妒、愛戀與成長，我們的時光時而重疊，時而分開，就好像正弦函數與餘弦函數，從交疊的那刻起，我們便展開各自的旅途，時不時又來場浪漫的相遇。

這一段旅程使我更了解我跟你是一樣的——同樣內斂、穩重的像是個會給人諄諄教誨的長輩；同樣感情豐沛但拙於表達，卻也像個孩童似的不顧左右；同樣細心敏感，心中總有千百種情緒糾纏交錯。

不過我也看到了你跟我的不同——對於感情，你過於細膩的思維常使得你苦惱。你設想了許多的可能與談話，多到自己無法放手去做。因為太在乎，所以變得多慮。無論感情或生活，有時候你必須放下面子與恐懼，不畏地向前行。

不過，最讓我佩服的就是你對夢想的堅持。

在這升學主義掛帥的時代，下定決心做件自己想做的事情，真的很帥氣呢。

在糾察隊的日子，我與你日漸親近。無論是公事或私事，你都是個很好的傾聽者，給了我不少啟發與感動。你也是個可靠的夥伴，心思周到，總是以團體的利益為優先。

有一天你突然告訴我，你想徵選隊長的職位。或許你早已有這樣的想法，而我並未察覺。但我知道從一開始準時搭車回家，到後來自願留校看崗與訓練，你積極的態度我都看在眼裡。

為了自己的目標，你就是這樣努力的一個人啊。

當時也在徵選隊長的我，因外務退出徵選。其實另一方面，也是覺得你更適合這個職位。

願你在糾察所學習到、所感受到的，都將影響你一輩子。

感情上，你失足了。

原因不是三言兩語可以說得清，但對於現在的你，我想這原因也不是那麼重要了。

緣分偶爾來得快，去得也快。幾年的歲月或許一聲再見都來不及說，就消逝了。

再多的安慰與酒精，都沒辦法使你真正恢復。或許幾次好轉，但夜深人靜時仍會陷入悲傷的泥淖中。

「此情無計可消除，才下眉頭，卻上心頭。」——李清照〈一剪梅〉

我想這是最能表達你心聲的一段話。至少，在過去是這樣。倉央嘉措寫過一首小詩（也有人認為這是現代作者的二度創作）：

一個人需要隱藏多少祕密，
才能巧妙地度過一生，
這佛光閃閃的高原，
三步兩步便是天堂，
卻仍有那麼多人，
因心事過重而走不動。

很慶幸的，你繼續向前走了。沒有不必要的犧牲，沒有委曲求全的結果。你掙扎著、流淚著，為了心中的理想，你就是可以這樣堅持著。

閱讀你的文字，不難感受到雖為初生之犢卻胸有大志的情懷，從自身經驗與周遭所見汲取並內化。或許對於歷練較深的讀者來說，的確有些微不足道，但我不認為本書無法打動讀者們的心。

因為，每個人都有過這樣的階段。

每個人都有過迷茫、困惑的時候。或許正值青春，為了一封情書所困；或許正值壯年，為了事業與家庭拚命；或許正值老年，憂傷過去與未來……

無論現在身為讀者的你，為了什麼樣的事情憂愁著，這本書隨時提醒，你不會是一個人。在那些看似輝煌的人生中，其實都有著不為人知的大風大浪。身為一個旁觀者，除了羨慕之外，只能做好準備面對屬於自己的命運。

易霖與憲哥不同世代的交錯產生出燦爛的花火，從滿懷壯志的熱情到平靜淡雅地娓娓道來。看著過去，望向未來，透過本書一同窺探他們內心的酸甜苦辣。

作為讀者，這是本讓我由衷感到溫暖的書；作為朋友，我真的為你感到驕傲。

或許我沒辦法陪你一一走過困苦的時光，但我會在門口等你散場，然後笑著跟你去新的地方。

如今，我想我們可以到下一站了。

卍煞氣a林欣汶卍

對於一件事情熱衷，然後付出全部的心力在那上面，瘋狂地、死忠地去追尋，這就是我認識的易霖。

我和易霖之間的故事可以說是用籃球串接起來的。還記得他大一時就投筆專欄，甚至在錄製採訪影片時，找了我講述我對於我的愛隊，達拉斯小牛隊的看法及心得。

漸漸地，他的專欄越來越多人看，文筆也越來越渾厚，我也漸漸佩服這個年輕人的野心和想法，很少有一個人能為了自己熱愛的東西死命地奉獻自己的時間和心力，更遑論他只是個才二十歲的大學生。相信有著這樣的熱誠和態度，這本書必定也會如同他的生活態度一般精彩可期！

除了熱誠，實踐的勇氣也是他讓我感到十分超齡的特色。

去年此時，我打算前往美國看NBA，第一個想到的就是他。能有和我一樣對於美國職籃深切熱情的人實在屈指可數，沒想到易霖也是二話不說直接答應，並且和我一起著手準備旅程，也因此我認識了本書的另一位作者，也是一位令我相當敬佩的前輩，文憲叔叔。我們一同順利地在今年四月完成了我們的圓夢之旅，一切的一切，看似都是虛幻的泡泡，但對於他來說，往往都能以勇氣為助力，將理想收入口袋，逐漸往自己想去的地方邁進。

雖然這只是易霖的第一本書，但我相信有著如此實踐的勇氣和精神，一定不會只是單純的一個小鬼寫出的書，而更會是他精彩人生的開端，一段高昂故事的序章！

一起加油吧，共勉之！

何祐全　於成功嶺　筆

與小狼的相識不算長，我卻恰巧陪著他走過人生中最低迷的一段路。

常常聽到有些人會開著玩笑：「當生命中出現愛情與麵包的選擇題，該如何選擇？」

這玩笑就真真實實地打在小狼身上，而且當時的他沒有選擇的權利，他是被選擇遺棄的那一個。

愛情認定他的夢想不切實際，並且離他而去，一段四年多，從同學、好朋友，走到情人的關係，就因為這夢想而破碎，而他墜入深淵。

那時小狼每天如同行屍走肉般，不明白自己究竟走這條路是對是錯，成天責備著自己怎麼會落到這個地步。生活彷彿沒有了顏色。愛情走遠了，夢想也因此而停擺，或許只有每天幾瓶酒，才能讓他暫時、稍微地忘卻悲傷。

而身為旁觀者的我，唯一能為他做的，就是罵醒他。對，用罵的把他罵醒。形式上的安慰對小狼沒有用。到頭來還是他自己必須去承擔這一切，而他也承擔下來了。

我當時能做的，就是要他看清自己究竟為什麼會落到這個地步，看看鏡子裡的自己究竟有多狼狽。愛情已經確定回不來了，那就看看自己還擁有什麼吧。

那一團尚未成為麵包的麵粉，不就是自己還擁有的夢想嗎？

不趁現在好好把握住自己的夢想，並讓它發光發熱，等到這個夢想也離去就真的什麼都來不及了。也不知道他是不是開竅了，一段時間後，小狼開始重拾自己的夢，以他那熱血的態度去寫著他自己的過去和未來。

因此客倌，您現在手上多了這本書。

究竟這團麵粉可以變成怎樣的一塊麵包呢？

看這本書的您，不就正是跟我一起見證小狼浴火重生的這一刻嗎？

就讓我們繼續看下去吧。

剪不斷，理還亂，蓋被聊到三點半的　損友　游育任

我跟小狼從國一就認識，轉眼間也八年了。

剛認識的時候其實我們並不熟，他是班上成績好的前段班，而我是整天打混摸魚的後段班，後來因為NBA而熟識。我只能說，籃球這個東西真的有股莫名的魔力，熟識之後我們一起打LOL、一起打球、一起看電影，就算之後不在同個班級、不在同個學校，我們依然如此。

當初聽到小狼要寫書，我就知道這一定會是本好書，因為我知道小狼認真做一件事是會廢寢忘食的，就像他寫專欄一樣，每天追NBA新聞以及收集NBA數據，寫到卡關的時候會去找有看球的朋友聊聊，有新的想法馬上又打開電腦繼續奮鬥，寫書也是如此。

最後，至於要我說這本書有多棒就免了吧。趕快翻閱，自己去感受憲哥以及小狼的文筆，享受在文字當中吧！

友人　劉哲瑋

初次遇見小狼是在二〇一七年的陽明人醫營。

小組自我介紹時，得知他在寫NBA專欄、經營粉絲專頁。當時，我便對他勇於追求自己喜歡的事物感到敬佩。營期間他不多話，默默地聆聽演講、欣賞表演，我們沒有什麼交集。

但友情總在最不經意的時刻被建立起來。人在低潮時，也往往是交到摯友的時刻。

營隊結束後，我在社群軟體上發現小狼十分落寞，而當時的我也正經歷著一些困難。鼓勵他的同時，其實我也是在鼓勵自己。陸續我們舉辦了人醫小隊聚，每過幾個月，大家都會一同分享生活、彼此激勵。

看著小狼一次比一次有盼望、有動力、越發開朗，我便為他開心。還記得有次隊聚，當時的他正經歷ptt酸民的攻擊，努力地想看開。大夥笑笑地跟他說：「欸，這下你紅啦，你不夠紅的話大家幹嘛攻擊你。」我想，小狼在那次事件之後，變得更成熟、更勇於追求夢想，筆耕不輟。

「你知不知道有沒有網站可以互相交換文字啊？我也好想寫些東西，可是一個人寫感覺好無聊。」

「我只知道球賽專欄，其他的不太清楚，寫作本來就是一件很孤獨的事。」

與文字對話看似浪漫，卻在某種程度上，形單影隻。在追求夢想的同時，小狼被迫放棄一些他在乎的人事物，雖然心不甘情不願、中途感到痛苦，但這成就了現在的他。

青春有限，我們都不再活在後悔裡，願我的朋友，謝易霖，永遠迎著陽光，成為被祝福的人。

你的朋友　可悅

我只比小狼大一歲。

如果對小狼來說，能在這麼年輕的時候寫一本書，是非常幸運的，對我來說能在這樣的年紀寫推薦序，也是很幸運的一件事。

遊走在兩個不同年紀的字裡行間，總會想著薑是老的辣，憲哥雖然不用雕砌過的華麗文字，卻總在每一段的第一句讓人瞬間進入那個畫面，感動油然而生。而小狼文采斐然，雖然有時讓人覺得隔靴搔癢，卻也是我們這個時代的語言，用優美的詞句堆出一篇一篇的八股文，為的只是人生下一站的門票，這樣聽起來好像沒什麼真實性，卻也不然，因為我們每天若有所思的就是這些啊。

兩個截然不同的寫作風格穿插在書中，有時很理性，有時則是感性，好像洗著三溫暖那樣暢快。

書裡的小狼和現實的呈現很不一樣。

現實裡的我們有時打鬧、有時互相板著一張臉孔，從不知道他心裡這麼澎湃、豐富，只覺得他很有想法、說話智障智障的。

看了這本書之後好似與他一同走過這二十年，更認識他、更了解他，但我猜，我們的相處還是一如既往，不會有所改變吧。

這本時代的巨擘為兩個世代築起一座橋樑，裡面充滿著連朋友都不知道的內容，對於其他年齡層的人，更值得期待吧！

損友　許翔宇

易霖是我在復旦高中糾察隊的隊長直屬，也是在復旦就學時期最尊敬的一位學長。

並非因為直屬關係才給予他極高的讚美，也不是因為他從沒犯錯過。

但他的言行舉止值得身為學弟的我，視他為自己該努力追尋的目標。

我高一時，易霖學長是一位說話有條理、行事很從容的隊長。他用易懂的言語，教導我們最重要的做事態度，也懂得凝聚團隊的向心力。從不用兇的口吻，卻不失威嚴的語氣，在學弟妹前以身作則，展現領導特質。也培養我接任隊長，傳承許多領導的經驗，給予我很多重要的建議。

我高二時，易霖學長已是一位應考生，在升學壓力的進逼之下，仍不忘關心糾察的近況。雖然已成為退休幹部，但在學弟妹需要他的時候，他還是挺身而出。

易霖學長在糾察的生涯，用他的方式帶領，並影響著下一屆的學弟妹，和他的團隊一起為學校培養出新一批具備態度、熱於服務的糾察，也就是我們。而我們也承接這樣的精神，一屆一屆地培養並且繼續傳承下去。

各位讀者，我原本是沒什麼資格在十九歲時就為別人寫推薦序，但我有幸以自己親身經歷的糾察經驗，誠心誠意地向您簡單說明易霖學長用心、細膩的特質。他對於生活許多事物亦是如此，也因此有夠多的素材完成此書，而細膩的個性更使他的書充滿了豐富的體悟。

現在，各位是否跟我一樣，心中已經迫不及待了呢？讓我們一起倘佯在憲哥和易霖父子倆精彩的文筆當中吧！

直屬學弟　黃信鈞

一個平凡的人，用著平凡樸實的筆調，書寫著他不平凡的路程。這樣的路途往往是最令人滿懷期待的。因為沿途的風景不需詞藻華美的包裝，僅需氣定神閒的寧靜，便能觀得其美，悟得其真。

而我何其有幸，能伴行在友人的旅途上，一覽人生百態、親情溫暖。父子連心攜手鋪下的平凡之路，使得這條樸實康莊更能深入人心，發人深省。

作為朋友，最踏實的心情，莫過於看著朋友踏實。

友人　李品謙

國家圖書館出版品預行編目資料

20歲小狼・50歲大獅：父子世代的Men's Talk / 謝文憲, 謝易霖作. -- 初版. -- 臺北市：商周, 城邦文化出版：家庭傳媒城邦分公司發行, 2018.07
面； 公分

ISBN 978-986-477-510-1（平裝）
1.父親 2.親子關係 3.親子溝通

544.141 107011696

20歲小狼・50歲大獅：

父子世代的Men's Talk

作　　者／謝文憲、謝易霖
責任編輯／程鳳儀

版　　權／翁靜如、林心紅
行銷業務／林秀津、王瑜
總 編 輯／程鳳儀
總 經 理／彭之琬
發 行 人／何飛鵬
法律顧問／元禾法律事務所　王子文律師
出　　版／商周出版
城邦文化事業股份有限公司
臺北市中山區民生東路二段141號9樓
電話：(02) 2500-7008　傳真：(02) 2500-7759
E-mail：bwp.service@cite.com.tw
發　　行／英屬蓋曼群島商家庭傳媒股份有限公司城邦分公司
臺北市中山區民生東路二段141號2樓
書虫客服服務專線：(02)2500-7718・(02)2500-7719
服務時間：週一至週五上午09:30-12:00・下午13:30-17:00
24小時傳真專線：(02)2500-1990・(02)2500-1991
劃撥帳號：19863813　戶名：書虫股份有限公司
讀者服務信箱E-mail：service@readingclub.com.tw
歡迎光臨城邦讀書花園 網址：www.cite.com.tw
香港發行所／城邦（香港）出版集團有限公司
香港灣仔駱克道193號東超商業中心1樓
電話：(852) 2508-6231　傳真：(852) 2578-9337
E-mail：hkcite@biznetvigator.com
馬新發行所／城邦（馬新）出版集團【Cité (M) Sdn. Bhd.】
41, Jalan Radin Anum, Bandar Baru Sri Petaling,
57000 Kuala Lumpur, Malaysia.
電話：(603) 9057-8822　傳真：(603) 9057-6622
E-mail：cite@cite.com.my

封面設計／徐璽工作室
電腦排版／旭豐數位排版有限公司
印　　刷／韋懋實事業有限公司
經 銷 商／聯合發行股份有限公司　電話：(02)2917-8022　傳真：(02)2911-0053
地址：新北市新店區寶橋路235巷6弄6號2樓

■ 2018年 07 月 31 日 初版
定價330元

Printed in Taiwan

城邦讀書花園
www.cite.com.tw

 ISBN 978-986-477-510-1

商周出版

廣 告 回 函
北區郵政管理登記證
北臺字第000791號
郵資已付，免貼郵票

104　台北市民生東路二段141號2樓

英屬蓋曼群島商家庭傳媒股份有限公司城邦分公司　收

請沿虛線對摺，謝謝！

商周出版

書號：BH6044　　書名：20歲小狼・50歲大獅　　編碼：

請於此處用膠水黏貼

商周出版

讀者回函卡

感謝您購買我們出版的書籍！請費心填寫此回函卡，我們將不定期寄上城邦集團最新的出版訊息。

不定期好禮相贈！
立即加入：商周出版
Facebook 粉絲團

姓名：________________ 性別：□男 □女

生日：西元________年________月________日

地址：________________

聯絡電話：________________ 傳真：________________

E-mail ：

學歷：□ 1. 小學 □ 2. 國中 □ 3. 高中 □ 4. 大學 □ 5. 研究所以上

職業：□ 1. 學生 □ 2. 軍公教 □ 3. 服務 □ 4. 金融 □ 5. 製造 □ 6. 資訊

□ 7. 傳播 □ 8. 自由業 □ 9. 農漁牧 □ 10. 家管 □ 11. 退休

□ 12. 其他________________

您從何種方式得知本書消息？

□ 1. 書店 □ 2. 網路 □ 3. 報紙 □ 4. 雜誌 □ 5. 廣播 □ 6. 電視

□ 7. 親友推薦 □ 8. 其他________________

您通常以何種方式購書？

□ 1. 書店 □ 2. 網路 □ 3. 傳真訂購 □ 4. 郵局劃撥 □ 5. 其他________

您喜歡閱讀那些類別的書籍？

□ 1. 財經商業 □ 2. 自然科學 □ 3. 歷史 □ 4. 法律 □ 5. 文學

□ 6. 休閒旅遊 □ 7. 小說 □ 8. 人物傳記 □ 9. 生活、勵志 □ 10. 其他

對我們的建議：________________

____

____

請於此處用膠水黏貼